I0374767

www.ingramcontent.com/pod-product-compliance
Lightning Source LLC
Chambersburg PA
CBHW050301120526
44590CB00016B/2441
9781912699704

گفت‌وگو
با
سینما

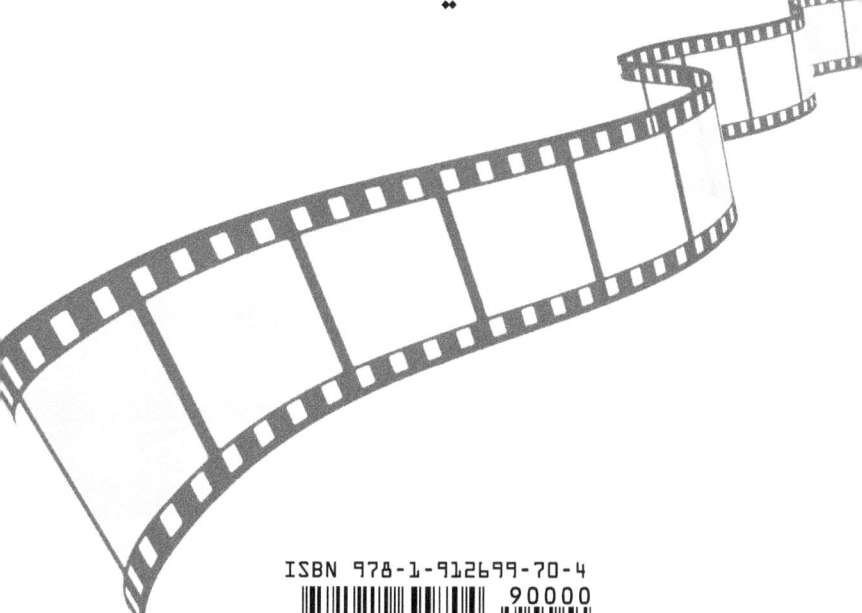

ISBN 978-1-912699-70-4
90000
9 781912 699704

گفت‌وگو با سینما
معرفی و نقد فیلم

روبرت آسریان

ویراستار: م. کاوه، نادر فرد
طرح جلد: اندی ساوتون
حروف‌چینی و صفحه‌آرایی: نادر فرد

انتشارات پارس ۲۰۲۴
کلیهٔ حقوق برای ناشر محفوظ است

شابک جلد کاغذی: ۴-۷۰-۹۱۲۶۹۹-۱-۹۷۸
شابک ای‌بوک: ۹-۸۸-۹۱۲۶۹۹-۱-۹۷۸

Film Review

Robert Aserian

Published © 2024 Pars Publications

Edited by: M. Kaveh, Nader Fard
Cover: Andy Southan
Typesetting and Layout: Nader Fard

Published by:
Multimedia Theological Training Limited
P. O. Box 66099, London, W4 9FE, UK

All rights reserved.

publications@parstheology.com
www.parsonlineshop.com

Paperback ISBN 978-1-912699-70-4
Ebook ISBN 978-1-912699-88-9

فهرست مطالب

مقدمه...۹

مکاشفه در قاب تصویر........................۱۵

زمزمهٔ جویبار معنا..............................۲۷

زندگی پنهان......................................۳۵

سکوت...۴۳

آزادی تعالی‌بخش...............................۵۹

تنها و تاریک......................................۶۷

در ستایش دیوانگی.............................۷۷

راه‌های فروبسته.................................۸۹

برادران لیلا.......................................۹۹

مقدمه

هنـر سـینما بیش از هنرهـای دیگر به تصویری کـه از واقعیت در ذهن داریم شـکل می‌دهد. این عملکرد سـینما تا حدی به‌خاطر شـیوه‌ایِ اسـت که با ما ارتباط ایجاد می‌کند و تا حدی نیز به‌خاطر توانایی آن در ایجاد تصویری از واقعیت اسـت که بسـیار باورپذیر و واقعـی می‌نمایـد. اگرچه ما از غیرواقعی‌بودنِ روایاتی که سـینما برای ما بازگو می‌کند آگاهیم اما ناخواسـته خود را در جریان سـیال تصاویـری کـه به مـا ارائه می‌کند غـرق می‌کنیم و دوسـت داریم با فاصلـه گرفتـن از واقعیـاتِ بعضـاً تحمل‌ناپذیـر اطراف‌مـان، در واقعیتی دیگر غوطه‌ور شـویم که برای ما خوشایندتر و تحمل‌پذیرتر اسـت. به یک معنا، هر اثر سـینمایی روایتی از واقعیت اسـت که کارگردان و دسـت‌اندرکاران تولید فیلم آن را بازگو می‌کنند و در این بازگویی بیش از آنکه دغدغهٔ درستی روایت‌شان را داشته باشند، به زیبایی اثرشان و خواسته‌هایی که در ما برمی‌انگیزند یا ارضا می‌کنند توجـه دارند. لذا گویی هرچه فضای سـینمایی سـورئالتر و تخیلی‌تر باشـد، مخاطبان بیشـتری جذب می‌کند. البته هستند سینماگرانی هـم که دغدغهٔ روایت عینی‌تر حقیقت را دارند و به‌دنبال سـینمایی واقع‌گرایانه هسـتند که رسـالت خـود را بازنمایـیِ واقعیت می‌داند اما حتی در سـینمای واقع‌گرایانه نیز تماشـاگر می‌داند که کارگردان

در حال بازسازی و روایت واقعیتی است که با ابزارهای سینمایی بازآفرینی شده‌اند و همواره با واقعیت فاصله دارند.

سینما برای به نمایش‌کشیدن و مصورساختن واقعیت از ابزارها و تمهیداتی چون نورپردازی، موسیقی، تدوین، دکوپاژ و میزانسن، هنر بازیگری ، صدا، دیالوگ و جلوه‌های ویژه سود می‌جوید. سینما همچنین با بخشیدن ساختار روایی به رخدادها و استفاده از عناصر روایتِ دراماتیک، داستان‌هایی را برای ما بازمی‌گوید که به نگاه‌مان به زندگی و خودمان شکل می‌دهند. قدرت سینما در استفاده از عناصر دراماتیک و داستانی و بیان روایت مورد نظر با زبان سینمایی آن را یکی از جذاب‌ترین رسانه‌ها و هنرهای معاصر می‌سازد.

قدرت جادویی سینما در تأثیرگذاری بر تفکر و شیوهٔ زندگیِ ما باعث می‌شود نگاه ما به واقعیت، دانسته یا نادانسته تحت تأثیر قرار گیرد. فرهنگ و جامعهٔ ما عمیقاً تحت تأثیر سینما شکل گرفته است. همانندسازی نسل‌های مختلف با هنرپیشه‌های معروف و الگوبرداری از شیوه‌های مختلف زندگیِ تصویرشده بر پردهٔ سینما وتأثیرشان بر زندگی این نسل‌ها انکارناپذیر است.

همچنین سینما ابزار نیرومندی برای تبلیغات تجاری و رواج شیوه‌های خاصی از زندگی مبتنی بر مصرف‌گرایی بوده است. در دوران معاصر سینما عملاً یکی از مهمترین ابزارهای ترویج فرهنگ غربی و تسریع فرآیند جهانی‌شدن است. بسیاری از انسان‌های معاصر که سینما دل‌مشغولیت اصلی آنها است، شیوهٔ زندگی‌شان دانسته یا نادانسته تحت تأثیر سینما شکل می‌گیرد و فیلم‌های سینمایی بر ابعاد مختلفی از زندگی آنها چون لباس پوشیدن، دکوراسیون منزل، نحوهٔ صحبت‌کردن، رانندگی، آرایش، خوردن و امور مشابه اثر می‌گذارد. نظام‌های سیاسی نیز با آگاهی از امکانات نامحدودی که در استفاده از رسانهٔ سینما وجود دارد برای پیشبرد مقاصد خود و مهندسی افکار اجتماع از آن سود جسته‌اند. مستند «پیروزی

اراده»، ساخت لنی ریفنشتال، که در زمان حکمرانی نازی‌ها و برای ترویج آرمان‌های فاشیستی و نژادپرستانه ساخته شد، نمونهٔ بارزی از استفاده از سینما توسط نظام‌های توتالیتر برای پیشبرد مقاصدشان است.

کتابی که پیشاروی خود دارید شامل مقالاتی سینمایی است که طی چند سال گذشته در فصلنامه و وب‌سایت "شاگرد" منتشر شده‌اند. برخی از این مقالات در مورد سینمای جهانی و برخی دیگر در مورد سینمای ایران هستند.

یکی از این مقالات به معرفی سینمای کارگردان برجستهٔ روس آندره تارکوفسکی می‌پردازد که در آثارش مضامین ایمان مسیحی به شکل‌های مختلف بیان شده‌اند. دیدن آثار تارکوفسکی برای بینندگان نه فقط به‌منزلهٔ تجربه‌ای زیباشناختی بلکه فرصتی برای تفکر در مورد حقایق ایمان مسیحی و همچنین به معنای تعمق در مورد رازهای زندگی و شریک‌شدن در تحیری است که تارکوفسکی سعی به تصویر کشیدن آن در سینمای خود دارد. تارکوفسکی کارگردان بزرگی است که فیلم‌های او ارزش بارها دیدن را دارند و آثارش مشحون از لحظات ناب سینمایی هستند.

دو مقاله از مقالات این کتاب به نقد و بررسی دو فیلم «درخت زندگی» و «زندگی پنهان» به کارگردانی ترنس مالیک اختصاص دارد. ترنس مالیک نیز کارگردانی است که چون تارکوفسکی در آثارش حقایق ایمان مسیحی و تجارب روحانی به شکل‌های مختلف انعکاس یافته‌اند. زبان سینمایی او شباهت‌های بسیاری به سینمای تارکوفسکی دارد اما او همچنین عمیقاً متأثر از متفکر معاصر مارتین هایدگر است و تفکر هایدگر بخشی از مضامین و درون‌مایه‌های فیلم‌های او را تشکیل می‌دهند. البته سینمای هر دو کارگردان را می‌توان سینمای حدیث نَفْس دانست و فیلم‌های هر دو عمیقاً جنبه‌های شخصی دارند. اما هر دو کارگردان در عین داشتن ویژگی‌های منحصربه‌فرد وجوه مشترک بسیاری دارند و نگاه

شاعرانه به زندگی، و سبک روایت استعلایی از دیگر نکات مشترک این دو کارگردان است.

مقاله‌ای دیگر به شرح و بررسی رمان «سکوت» به قلم رمان‌نویس کاتولیکِ ژاپنی شوساکو اندو و برگردان سینمایی آن توسط مارتین اسکورسیسی اختصاص دارد. اسکورسیسی نیز کارگردانی است که در آثارش مضامین مسیحی به شکل‌های مختلف مطرح شده‌اند و او را می‌توان یکی از برجسته‌ترین سینماگران معاصر آمریکا دانست. نگاه عمیق او به طبیعت انسان و پیچیدگی‌های آن، خلق شخصیت‌هایی که آمیزه‌ای از نیکویی و شرارتند، استادی او در روایت داستان‌های بلند در ساختارهای سینمایی جذاب و استفاده از فرم‌های بیانی خلاق در سینمایش، او را به کارگردانی منحصربه‌فرد تبدیل می‌کند. او از فیلم‌هایِ اولیۀ خود چون «راننده تاکسی» و «گاو خشمگین» تا فیلم‌های متأخرش چون «مرد ایرلندی»، بدون تکرار خود، حقایقی عمیق را در باب طبیعت بشری و روابط انسانی و مفهوم فیض مطرح می‌کند.

در مقاله‌ای دیگر فیلمی در ژانر علمی-تخیلی با عنوان «گاتاکا»، از کارگردان نه چندان معروف، اندرو نیکول مورد نقد و بررسی قرار گرفته است. ژانر علمی-تخیلی از ژانرهای مورد علاقه نسل جوان است و هر ساله فیلم‌های بسیاری در این ژانر ساخته می‌شوند. فیلم "گاتاکا" اثری تأمل‌برانگیز در این ژانر است که حقایق فلسفی و وجودی مهمی را مطرح می‌کند و بیننده را به تفکر وا می‌دارد. در این مقاله سعی کرده‌ام برخی از وجوه فلسفی این فیلم را تحلیل کنم.

مقالات دیگر به معرفی و نقد فیلم‌هایی از سینماگران معاصر ایران اختصاص دارند. سینمای ایران حرف‌های بسیاری برای گفتن دارد و در سینمای جهانی به‌تدریج در حال تثبیت جایگاه خود است. از دهۀ چهل شمسی که موج نوی سینمای ایران شکل گرفت، کارگردانان ایرانی آثار ماندگاری خلق کرده‌اند که بازتاب دغدغه‌ها و نگرانی‌های انسان ایرانی و راوی بحران‌های اجتماعی جامعۀ ایران

است. سینماگرانی چون ابراهیم گلستان، بهرام بیضایی، مسعود کیمیایی، داریوش مهرجویی، سهراب شهید ثالث، عباس کیارستمی و امیر نادری، آثاری ماندگار و ارزشمند آفریده‌اند که ارزش سینمایی و هنری قابل‌تأملی دارند. پس از انقلاب ۵۷ نیز نسل جدیدی از کارگردانان سر برآورده‌اند که فیلم‌هاشان بازتاب مسائل و مشکلات جامعهٔ ایران و تلاشی برای بازآفرینی واقعیت زندگی انسان ایرانی در دوران معاصر در قالب یک زبان سینمایی منحصربه‌فرد است. از میان این کارگردانان می‌توان به محسن مخملباف، جعفرپناهی، مجید مجیدی، محمد رسول‌اف، اصغر فرهادی و سعید روستایی اشاره کرد.

به نظر من یکی از این فیلم‌های تأمل‌برانگیز اما مغفول‌ماندهٔ سینمای ایران در سالیان اخیر، فیلم «پرویز» به کارگردانی مجید برزگر است. فیلمبرداری، شخصیت‌پردازی و فضای خاص این فیلم، آن را به یکی از آثار متفاوت سینمای ایران تبدیل می‌کند. این فیلم در چند جشنوارهٔ معتبر بین‌المللی هم مورد تحسین تماشاگران و منتقدان قرار گرفت. یکی از دلایل علاقهٔ من به این فیلم بازی درخشان لِوُن هفتوان در نقش پرویز است. لِوُن هفتوان دوست دوران جوانی من بود و از او خاطرات بسیاری دارم. متأسفانه او چند سال پیش بر اثر سکتهٔ قلبی درگذشت.

فیلم دیگری که در این مجموعه یادداشتی در مورد آن نوشته‌ام «دلم می‌خواد برقصم» اثر بهمن فرمان‌آرا است. فرمان‌آرا کارگردانی صاحب سبک در سینمای ایران است. من طنز پنهان این فیلم و پیام شیطنت‌آمیزش را دوست دارم و به‌نظرم کارگردان اعتراض خود را به فضای سیاسی-اجتماعی خفقان‌آور ایران با انتخاب موضوعی سورئال به زیبایی بیان کرده است. این فیلم علی‌رغم ظاهری غیرجدی، سخنان بسیاری برای گفتن دارد.

فیلم «مجبوریم» اثر درمیشیان نیز به‌نظرم به‌لحاظ اجتماعی تأمل‌برانگیز است و ارزش دیدن و تأمل دارد. درمیشیان کارگردان

بااستعدادی است که در حال تجربه‌کردن فضاهای متفاوت در سینما و جستجوی سبک سینمایی خاص خود است و فیلم‌های او به‌لحاظ طرح مضامین اجتماعی از زوایای مختلف، فیلم‌های تأمل‌برانگیزی هستند.

فیلم "برادران لیلا" به کارگردانی سعید روستایی نیز به‌نظرم یکی از بهترین فیلم‌های سینمای ایران در چند سال اخیر است و تأملات خود را در بارهٔ این فیلم در یادداشتی به نگارش درآورده‌ام.

در مورد سینمای ایران بسیار می‌توان نوشت و از آن بسیار می‌توان آموخت. البته بخش قابل‌توجهی از تولیدات سینمایی در ایران گیشه‌ای، عامه‌پسند و فاقد ارزش‌های هنری هستند اما به هر حال مخاطبان خاص خود را دارند. اما در شرایط فعلی و دشوار ایران، ما شاهد بالیدن و رشد نسل جدیدی از سینماگران بااستعداد ایرانی هستیم که علی‌رغم محدودیت‌ها و مشکلات، در فضای خفقان‌آوری که نهادهای نظارتی حکومتی ایجاد کرده‌اند به کار خود ادامه داده و آثار سینمایی ارزشمندی خلق می‌کنند. یکی از راه‌هایی که ما به‌عنوان مسیحیان ایرانی می‌توانیم جامعهٔ ایران و تحولات آن را بهتر بشناسیم و نبض آن را حس کنیم، دنبال‌کردن آثار جدی سینماگران ایرانی است. اساساً شناختن جامعهٔ ایران و آگاهی اَز شرایط سیاسی‌ـ‌اجتماعی آن برای ما مسیحیان ایرانی که می‌خواهیم خبر خوش نجات مسیح را با هموطنان ایرانی‌مان در میان بگذاریم، بسیار ضروری است. یکی از راه‌های تحقق این امر مهم شناختن سینمای هنری و اندیشمند معاصر ایران است.

امیدوارم مطالعهٔ این مقالات باعث ترغیب خوانندگان عزیز به دیدن برخی از این آثار شود.

مکاشفه در قاب تصویر

آشنایی با جهان سینمایی آندره تارکوفسکی

فیلمساز معاصر روس، آندره تارکوفسکی، در طول حیات ۵۴ ساله‌اش فقط ۷ فیلم ساخت اما همین ۷ فیلم کافی است تا او را در زمرهٔ کارگردانان برجستهٔ تاریخ سینما قرار دهد. سینمای او جهانی پیچیده و شاعرانه است که او در آن از یک‌سو به بیان شخصی‌ترین تجربیات و احساساتش می‌پردازد و از سوی دیگر،

بحران‌های بزرگ زمانه و کنکاش خستگی‌ناپذیرش را برای بیان امر مطلق و ایمان مسیحی منعکس می‌کند. او به سنت سینماگرانی تعلق دارد که سینمای‌شان را سینمای شاعرانه می‌نامیم و شامل کارگردانانی چون بونوئل، آنتونیونی، کوروساوا، ژان ویگو و ترنس مالیک می‌شود؛ سینماگرانی که از قابلیت‌های نهفته در هنر سینما برای بیان نگاه شاعرانه‌شان به زندگی بهره می‌گیرند و البته این مهم را با ترکیب عناصر هنر سینما و رسیدن به زبان سینمایی شاعرانه انجام می‌دهند. اگرچه به یک معنا سینما هنری است که شاید به‌خاطر بُعد تصویری غالب در آن، کاربرد لفظ شاعرانه در مورد آن دشوار باشد، اما این نوابغ سینمایی با درهم‌آمیزی نماها و اصوات و رنگ‌ها و موسیقی در آثارشان، به شهودی شاعرانه می‌رسند. تارکوفسکی همچنین به سنت سینماگرانی تعلق دارد که دغدغه‌های دینی و کنکاش‌های ایمانی خود را در قالب زبان سینمایی به تصویر می‌کشند و شامل کارگردانانی چون درایر، برسون و برگمان می‌شود. از این میان خصوصاً برسون تأثیر مهمی بر تفکر و زبان سینمایی تارکوفسکی بر جای نهاده است و او بارها از تأثیر سینمای برسون یا بهتر است بگوییم از سینماتوگرافی برسون بر خود سخن گفته است. تارکوفسکی در کنار تأثیرپذیری از این استادان بزرگ سینما، در سینمایش از آثار هنرمندان دیگر نیز تأثیر گرفته است. در نماهای مختلف تارکوفسکی می‌توان تأثیر عمیق نقاشی‌های دوران رنسانس و خصوصاً آثار رافائل و داوینچی و کارپاچیو را مشاهده کرد. او عاشق شیوهٔ بیان تصویری استادان رنسانس خصوصاً مهارت آنها در بازنمایی سادهٔ واقعیت جهان اطراف‌شان بود. در نماهای سینمایی تارکوفسکی همچنین تأثیر نقاشی‌های استاد بزرگ هلندی، پیتر بروگل هم دیده می‌شود.

سینمای تارکوفسکی زبان تصویری خیره‌کننده‌ای دارد و هر سکانس آن تابلوی نقاشی زیبایی است که می‌توان ساعت‌ها به آن خیره شد و از آن لذت برد. او با وسواسی جدی همهٔ اجزای

سکانس‌های خود را بررسی می‌کرد و با نورپردازی دقیق و چیدمان حساب‌شدهٔ اشیاء، حس‌های شاعرانه‌ای را که به دنبال‌شان بود در سینمایش بازآفرینی می‌کرد. او همچنین عاشق شعر هایکوی ژاپنی و در کل هنر ذن بود. شعر هایکو شعری است که تصاویر در آن بسیار مهم‌اند و در آن شاعر با استفاده از تصاویری ساده و کنار هم قرار دادن عناصری متفاوت و با استفاده از حداقل واژگان، تأثیری غریب بر خواننده می‌گذارد.

از سوی دیگر، تارکوفسکی عمیقاً از فرهنگ و هنر روس نیز تأثیر پذیرفته است و این تأثیر به شکل‌های مختلف در سینمای او دیده می‌شود. از یکسو، او عمیقاً شیفتهٔ شمایل‌های مذهبی روسی است. از سوی دیگر، عمیقاً تحت تأثیر شاعران روس قرار دارد. از بین نویسندگان روس نیز او از داستایفسکی عمیقاً متأثر است و بسیاری از شخصیت‌های فیلم‌های او مشابهت‌های بسیاری به شخصیت‌های پیچیده و شوربخت داستایفسکی دارند. در کل، او تحت تأثیر سویهٔ مذهبی هنر روسی است و پای‌هایش ریشه در این سنت فکری هنر روسی دارد که ایمان و زیبایی انفکاک‌ناپذیرند. این سنت فکری را می‌توان در کلیساهای ارتدکس روس مشاهده کرد که در آن تلفیق هنرهای مختلف و تلاش معماران روس برای نشان دادن زیبایی خدا و خلقت در عناصر مختلف معماری کلیسایی انعکاس یافته است. بسیاری از الهیدانان روس چون تیوچف، سولوویف، فلورنسکی و بردیایف، شاعرانی جدی بودند و اشعار ماندگاری از خود بر جای گذاشتند و برای آنها تأملات الهیاتی و شعرسرودن کنش‌هایی مکمل بودند. برای تارکوفسکی نیز آفرینش هنری و آفرینش زیبایی شیوه‌ای برای ایمان‌ورزیدن است. تارکوفسکی بر این باور بود که «هنر در بنیاد خود پرستش است.» و معتقد بود که هنر سویه‌ای از امر مطلق است. تارکوفسکی در جایی دیگر گفته است: «آثار هنری هدایای خدا به ما هستند.» و از دیدگاه او، دین و هنر دو روی یک سکه‌اند.

تارکوفسکی دیدگاه‌های خود را در زمینهٔ زیبایی‌شناسی، هنر، زبان سینما و مسائل مشابه در کتابی تحت عنوان *پیکرتراشی در زمان* بیان کرده است و برای آشنایی بیشتر با اندیشه‌های تارکوفسکی می‌توان به این کتاب مراجعه کرد. او در مقالات کوتاه دیگر و گفت‌وگوهای پراکنده با نشریات مختلف نیز دیدگاه‌های منحصربه‌فرد خود را در مورد هنر و سینما بیان کرده است.

یکی از مهم‌ترین بن‌مایه‌های آثار تارکوفسکی مفهوم خدا و کنکاش ایمان برای پاسخ‌گفتن به چالش‌هایی است که انسان معاصر با آن روبه‌رو است. او که در جامعهٔ شوروی می‌زیست، به‌خاطر دیدگاه‌های زیباشناسانهٔ خاصش و نیز ایمان مذهبی‌اش همواره فیلمسازی مغضوب بود و آثارش مدت‌ها توقیف یا سانسور می‌شدند. او در عین انتقاد جدی‌اش از نظام کمونیستی، پس از مهاجرت به غرب در دههٔ پایانی زندگی‌اش، خود را در جامعهٔ مادی‌گرای غرب نیز هنرمندی غریب می‌دید و به انسان غربی و ارزش‌های مدرنیته با دیدهٔ انتقادی می‌نگریست. از نظر او انسان معاصر چه در جوامع کمونیستی چه در جوامع غربی، دچار بحران‌های جدی وجودی و روحانی است. سینمای تارکوفسکی عرصه‌ای برای طرح پرسش‌های ژرف روحانی و وجودی و کنکاشی خستگی‌ناپذیر برای یافتن پاسخ‌های مبتنی بر ایمان است. اما زبان سینمایی‌ای که او برای به تصویر کشیدن این مفاهیم به‌کار می‌گیرد، یگانه و بی‌بدیل و پر از لحظه‌های مکاشفه است. این لحظه‌های مکاشفه از جنس مکاشفه‌های هنری است که در آثار برسون دیده می‌شود و لحظهٔ کشف حقیقتی در مورد خود، خلقت، دیگری و اشیاء است. این مکاشفات همچنین لحظات مکاشفه‌ای ناب در مورد خدا و ماهیت روحانی امور هستند. این مفهوم مکاشفه در تفکر هنری تارکوفسکی، ریشه در مفهوم اپیفانی Epiphany یا تجلی الهی در الهیات مسیحی و عرفان ارتدکس روسی دارد و برای تارکوفسکی فرآیند آفرینش هنری و ساختن فیلم عرصه‌ای برای جلوه‌نمایی الهی است.

همان‌گونه که به رابطهٔ زیبایی و تجربهٔ دینی در فرهنگ روسی اشاره شد، می‌توان درک کرد که جلوه‌نمایی اشیاء و پدیده‌های مخلوق در بُعد زیباشناسانه‌شان از جلوه‌نمایی حق جدا نیستند. زبان سینمایی‌ای که تارکوفسکی به دنبال دست یافتن به آن است و در طول سال‌ها به آن رسید، زبانی سینمایی در خدمت تحقق این مهم است. در آثار تارکوفسکی اشیای ساده و پیش‌پاافتاده زیبایی شگفتی دارند و دوربین او با جدیت و بُهت بر اشیای مختلف درنگ می‌کند و گویی این اشیاء با ما سخن می‌گویند و حسی کیهانی به ما منتقل می‌کنند. حرکت آرام دوربین او بر اشیاء و عناصر طبیعت، برای بیننده‌ای که با سینمای شاعرانه و این سبک بیان آشنایی ندارد ممکن است به‌شدت ملال‌آور باشد؛ اما این حرکت به‌شکلی مؤکد می‌خواهد پیامی به بیننده منتقل سازد. قاب‌بندی‌های سکانس‌های او نیز از این منظر بسیار استادانه و تأمل‌برانگیزند. او استاد ترسیم طبیعت بی‌جان با دوربین است. در برخی از فیلم‌های او ما با انبوهی اشیاء پراکنده و ظاهراً بی‌ربط روبه‌رو هستیم که در محیط پراکنده‌اند اما دوربین فکور تارکوفسکی در پی انتقال این حقیقت است که در ورای این بی‌نظمی ظاهری

امور، به قول حافظ «نظمی پریشان» برقرار است. تارکوفسکی می‌خواهد از روزنهٔ دوربینش ما را به تعمق زیباشناسانه در اموری برانگیزد که وجودشان را فراموش کرده‌ایم اما سخنان بسیار برای گفتن دارند، و هرگاه به آنها توجه کنیم به غایت زیبا هستند.

در سینمای تارکوفسکی مرز مشخصی بین رؤیا و واقعیت نیست و ما نمی‌توانیم تشخیص بدهیم آنچه بر پرده شاهد هستیم واقعیتی عینی است یا خیالات و توهمات و برساخته‌های ذهنی قهرمانان فیلم. برای مثال در فیلم «سولاریس» در نهایت بینندهٔ فیلم متوجه نمی‌شود که آنچه قهرمان فیلم، کریس، مشاهده می‌کند واقعاً همسر متوفای اوست که به‌خاطر حضور قهرمان فیلم فرازِ اقیانوس هوشمندی که سولاریس نام دارد دگرباره به جهان واقعی بازگشته است یا با توهمات ذهنی قهرمان فیلم که ناشی از عذاب وجدان عمیق اوست روبه‌رو است. یا در فیلم «استاکر» تا آخر فیلم متوجه نمی‌شویم چقدر قوانین منطقهٔ ممنوعه که شخصیت اصلی فیلم استاکر راهنمای عبور از آن است، واقعی هستند و عینیت دارند و چقدر تخیلات ذهنی اویند. در آثار او انتقال از جهان آشنا

و عینی به جهان خیالی و ذهنی چنان نامحسوس انجام می‌شود که بر بیننده پوشیده می‌ماند. مهارت تارکوفسکی برای زدودن مرزهای بین امر عینی و ذهنی در آثارش، در واقع، بازتابی از پرسش کهن فلسفی در مورد رابطهٔ عین و ذهن است و اینکه اساساً چقدر می‌توان چنین تمایز قاطعی بین این دو در نظر گرفت. در اینجا تأثیرپذیری تارکوفسکی را از تفکر و هنر ذن بودیسم به‌روشنی می‌توان مشاهده کرد. تارکوفسکی استاد به تصویر کشیدن رؤیاست. در پاسخ دوستی که در مورد شیفتگی عمیق او به عالم رؤیا سخن می‌گوید و اصطلاح رئالیسم رؤیا را به‌کار می‌برد، تارکوفسکی چنین می‌گوید: «ما یک‌سوم زندگی خود را در خواب هستیم و طبیعتاً خواب‌های بسیاری می‌بینیم. پس چه چیزی مهمتر از رؤیاست؟»

یکی دیگر از شاخص‌های جذاب سینمای تارکوفسکی توجه ویژهٔ او به مفهوم زمان است. زمان چیست؟ ما زمان را چگونه تجربه می‌کنیم؟ نقش حافظه و خاطرات ما در ضبط آنچه در زمان می‌گذرد چیست؟ تارکوفسکی به یک معنا هنر سینما را هنری می‌داند که رابطهٔ انسان را با زمان به نمایش می‌گذارد. سپس او به مفهوم حافظه و نقش خاطرات انسان در بازسازی رخدادهای گذشته می‌پردازد و اینکه در این بازسازی، ذهن خلاق انسان با توجه به تأثیر عوامل ناخودآگاه، گذشته را بازآفرینی می‌کند. موضوع زمان و رابطهٔ انسان با گذشته و نقش حافظه موضوعی فلسفی است که در تاریخ فلسفه بحث‌های بسیاری در مورد آن شده است. آگوستین یکی از کسانی است که در کتاب *اعترافات*، تأملاتی فلسفی و الهیاتی بر این موضوع دارد. در ادبیات معاصر، این موضوع بار دیگر مرکز توجه برخی نویسندگان قرار می‌گیرد و یکی از مهمترین رمان‌های قرن بیستم یعنی *در جستجوی زمان ازدست‌رفته* به قلم مارسل پروست، تلاش برای کشف مجدد گذشته و بازآفرینی مجدد آن است. پروست در این شاهکار هنری ادبیات معاصر، برای معنا دادن به هستی خود و تعریف مجدد هویتش پیوسته در حال کنکاش

در رخدادهـای گذشـته اسـت و همان‌گونـه که از عنـوان این رمان هفت‌جلدی پیداست، تلاش دارد آنچه را که در زندگی او، زمان‌های ازدسـت‌رفته به‌نظر می‌رسـد، با یادآوری مجدد و اسـتخراج عناصر باارزش از آن، معنایی تازه بخشـد. او برای انجام این مهم، تکنیک جدیدی در رمان‌نویسی معاصر به‌کار می‌گیرد که به آن جریان سیال ذهنی گفته می‌شود.

در سینمای تارکوفسکی ما شاهد تلاشی مشابه هستیم و خصوصاً دو فیلم «سـولاریس» و «آینه» او به این موضـوع می‌پردازند. فیلم «آینه» تارکوفسکی را می‌توان یکی از موفق‌ترین نمونه‌های سینمای حدیث نَفْس[1] و شـخصی‌ترین فیلم او دانسـت که طی آن می‌کوشـد دوران کودکی و ارتباطش را با والدینش و سپس گذشته‌های نزدیکتر بازشناسی کرده یا از نو بیافریند. شاید بتوان زبان سینمایی عجیبی را کـه او در ایـن فیلم بـه‌کار می‌گیرد نوعی جریان سـیال ذهنی در سـینما دانست. تارکوفسـکی در این فیلم، هم گذشتهٔ خود را کشف می‌کنـد و هم بازمی‌آفرینـد، و گاه آن را به‌گونه‌ای که به‌عنوان کودک دوسـت می‌داشـت، می‌بیند. او بر این باور اسـت که زمان گذشـته باثبات‌تر و واقعی‌تر از زمان حال است و معتقد است: «زمان حال مثل دانه‌های شـن از میان انگشـتان‌مان می‌گریزد و ناپدید می‌شود و فقط در جمع‌آوری مجدد آن اسـت که موجودیت واقعی می‌یابد.» اتفاقی نیسـت که کتاب مهم او در مورد هنر و سـینما، *پیکرتراشـی در زمان* نام دارد و گویی سـینمای او سـاختن پیکـره‌ای ماندگار و زیبا در طول زمان از گذشـتهٔ گریزپا و در حال نابودی اسـت. برای خود او یکی از دغدغه‌های اصلی، بازآفرینی گذشتهٔ شخصی خود و درک رمز و رازها و معانی نهفتهٔ بسیاری بود که در این گذشته وجود

---

۱ حدیـث نَفْـس یـا خودگویـی یکـی از تکنیت‌هـای ادبیـات داسـتانی و ادبیـات نمایشـی اسـت. گفتـاری اسـت کـه یکـی از شـخصیت‌های نمایـش یـا داسـتان بـه زبـان مـی‌آورد و به‌طـور قـراردادی فاقـد مخاطـب اسـت. ایـن نـوع گفتـار معمـولاً سـیر اندیشـه‌ها و افـکار درونـی شـخص را بیـان می‌کنـد. در بخش‌هایـی از رمـان "در جسـتجوی زمـان ازدسـت‌رفته" اثـر مارسـل پروسـت ایـن تکنیـک بـه‌کار رفتـه اسـت.

داشت و مهمتر از همه، یافتن دلالت‌های وجودی و فلسفی این گذشته برای زمان حال بود. از نظر او انسان‌ها جزیره‌های خاطره هستند و به یک معنا خاطره‌های متفاوت ما از همدیگر است که فردیت و منحصربه‌فردبودن ما را شکل می‌دهد.

دو فیلم نخست او یعنی «کودکی ایوان» (۱۹۶۲) و «آندره روبلف» (۱۹۶۶) فیلم‌هایی تاریخی برای یادآوری و روایت مجدد دو رخداد مهم تاریخی در تاریخ کشورش هستند. در اولی که به تاریخ متأخر مربوط می‌شود، او روایتی متفاوت از جنگ کبیر میهنی دارد که سال‌ها یکی از دستمایه‌های مهم سینمای شوروی و مکتب هنری غالب بر آن یعنی مکتب رئالیسم سوسیالیستی بود، اما در فیلم او تمرکز اصلی نه بر قهرمانی‌ها و حماسه‌آفرینی‌های «خلق‌های قهرمان شوروی سوسیالیستی» بلکه بر کودکی است که در جنگ، والدین، دوستان و همه چیز خود و مهمتر از همه معصومیت کودکانه‌اش را از دست می‌دهد. «آندره روبلف» نیز به برهه‌ای خونین و دردناک از تاریخ روسیه در قرن پانزدهم می‌پردازد و از چشم‌انداز شمایل‌نگار معروف روس، آندره روبلف رخدادها را به تصویر می‌کشد. در هر دو فیلم ما ثبت و ضبط گذشته را داریم اما از زاویه و چشم‌اندازی نامتعارف در سینمای شوروی که فضایی خفقان‌آور بر آن حاکم بود. در این دو فیلم گذشتهٔ تاریخی بازآفرینی می‌شود اما در تجربهٔ شخصی یک کودک و یک هنرمند مذهبی، و دوربین تارکوفسکی سعی در به تصویرکشیدن تجربهٔ شخصی این دو نفر از عصری پرآشوب دارد که در آن می‌زیستند.

پس از این دو فیلم، تارکوفسکی فیلم «سولاریس» را در سال ۱۹۷۲ بر اساس رمان معروف نویسندهٔ لهستانی، استانیسلاو لم می‌سازد. این فیلم در ژانر سینمای علمی-تخیلی است. تارکوفسکی که به‌خاطر دو فیلم قبلی‌اش شدیداً مورد حملهٔ محافل سینمایی شوروی و ایدئولوگ‌های حزبی بود، سراغ ژانری رفت که توسط آن راحت‌تر بتواند ایده‌های خود را مطرح کند. «سولاریس» در مورد

پایگاهی فضایی است که بر فراز اقیانوسی هوشمند و ناشناخته قرار دارد که موضوع تحقیق فضانوردان این پایگاه است. در این پایگاه اتفاقات عجیبی می‌افتد و قهرمان اصلی این فیلم کریس، که روانشناس است و آمدن او به این پایگاه گونه‌ای گریز از زمین و زندگی گذشته است، در خلوت ایستگاه فضایی، با خودِ واقعی و گذشته‌اش روبه‌رو می‌شود. در فیلم شاهد این هستیم که همسر متوفای او که وی با رفتار و عملکردش باعث مرگ او شده بود، در ایستگاه فضایی بارها با او روبه‌رو می‌شود و ایستگاه فضایی که کریس برای فرار از گذشته‌اش به آن گریخته است، به محلی برای روبه‌رو شدن با این گذشته و یادآوری آن تبدیل می‌شود. در این سفینه اتفاقات عجیب دیگری نیز می‌افتد و ظاهراً دلیل این اتفاقات اقیانوس هوشمند است. ساکنان پایگاه متوجه می‌شوند که گویی اقیانوسی که این سیاره را فراگرفته توانایی بازآفرینی اندیشه‌های انسان و عینیت بخشیدن به خاطرات‌شان را دارد. در فیلم «سولاریس» موضوعات متعددی مطرح می‌شوند؛ از جمله نگاه بدبینانهٔ تارکوفسکی به پیشرفت‌های علمی و مسیری که انسانِ بدون خدا با پیشرفت‌های علمی در آن پیش می‌رود، و فضای تیره و تار فیلم به‌گونه‌ای است که این آینده که در تبلیغات نظام شوروی مطلوب و خواستنی است، تیره و ملال‌آور جلوه می‌کند. اما موضوع اصلی فیلم همان‌گونه که اشاره شد، رابطهٔ انسان با گذشته و خصوصاً مسئلهٔ وجدان است. قهرمان فیلم، کریس، در ایستگاه فضایی است که با عواقب آنچه انجام داده روبه‌رو می‌شود. اقیانوس هوشمند را هم به یک معنا می‌توان نمادی از خدا دانست.

فیلم بعدی تارکوفسکی فیلم «آینه» بود که در سال ۱۹۷۴ ساخته شد و در سطور بالا به آن اشاره کردیم. این اثر سینمایی درخشان در محاق سانسور و سپس توقیف نظام شوروی گرفتار شد و امکان نمایش محدود آن فقط برای اشخاص کمی فراهم آمد.

تارکوفسکی در سال ۱۹۷۸ فیلم «استاکر» را ساخت که روایت سفر سه نفر به منطقهٔ عجیبی است که منطقهٔ ممنوعه نام دارد. این سه نفر شامل یک نویسندهٔ سرخورده، یک دانشمند مادهگرا و راهنمای آنها است. در این منطقه اتفاقات عجیبی میافتد و همراهان استاکر، قهرمان اصلی فیلم، به دنبال کشف این سرزمین ممنوعه و توضیح قانونمندیهای عجیب آن هستند. استاکر یا راهنما، همدلی خاصی با منطقهٔ ممنوعه دارد و قوانین آن را میشناسد و سعی میکند به همراهان خود کمک کند تا آنها از چشماندازی متفاوت به منطقهٔ ممنوعه نگاه کنند و آن را بشناسند اما نگاه بدبینانه و ناامیدانهٔ نویسنده و نگرش مادیگرایانهٔ دانشمندی که همه چیز را در قالب تنگ قوانین مشخص تعریف میکند، باعث میشود که آنها قوانین منطقهٔ ممنوعه را نشناسند و حتی در آنجا با خطراتی روبهرو شوند.

تارکوفسکی دو فیلم آخر خود یعنی «نوستالگیا» و «ایثار» را پس از خروج یا بهتر است بگوییم تبعید از شوروی ساخت. در این دو فیلم تارکوفسکی با زبان سینمایی خاص خود باز هم به طرح دلمشغولیهای دائمیاش میپردازد. موضوع اصلی فیلم «نوستالگیا» زندگی شاعری روس در ایتالیاست که در مورد یک آهنگساز روس در قرن نوزدهم که در نهایت خودکشی میکند، مشغول تحقیق است. در این فیلم نیز موضوع بحران فکری و وجودی انسان معاصر و تلاش برای برونرفت از این وضعیت، دغدغهٔ اصلی کارگردان است. در این فیلم تارکوفسکی همچنین بهعنوان هنرمند روسی که از وطن به دور مانده است، غم غربت را در غالب تجارب شخصیتهای فیلمش به تصویر میکشد.

تارکوفسکی آخرین فیلم خود یعنی «ایثار» را در سال ۱۹۸۶ و در سوئد میسازد. موضوع این فیلم متفکر میانسالی است که با بحران در زمینهٔ معنا و وجود درگیر است. در گیرودار بحرانهای شخصی، وی متوجه میشود که جهان در آستانهٔ نابودی بر اثر جنگ

هسـتهای اسـت. او بـا خدا عهـد میبنـدد که هر آنچـه دارد قربانی کنـد و در مقابـل، خدا جلوی وقوع این جنگ هسـتهای و عواقب مصیبتبارش را بگیرد. موضوع اصلی این فیلم نیز همانگونه که از عنوانش پیداست، فداکاری و قربانیکردن خود و ایثار برای نجات جهان است.

آندره تارکوفسکی پس از ساختن فیلم «ایثار» در سال ۱۹۸۶، بر اثر بیماری سرطان جان خود را از دست داد و به این ترتیب، با مرگ او هنر سینما از یکی از بزرگترین کارگردانانش محروم شد. او در مصاحبهای در مورد زندگی چنین میگوید: «ما باید از زمانی کـه بر زمین زندگی میکنیـم نهایت اسـتفاده را بکنیم تا از لحاظ معنوی، به رشـد و شـکوفایی برسـیم.» سـینمای او ابزاری برای سـفر روحانی او و بخشـی مهم از این سـفر بود. منتقدی در مورد او میگوید: «زبان سـینمایی تارکوفسـکی زبان دعای اوسـت.» سـینمای او را میتوان به یک معنی تلاشی برای فراچنگ آوردن و بـه تصویر کشـیدنِ نادیدنی دانسـت. سـینمای او و بزرگداشـت لحظههای کوچک و ظاهراً غیرمهم زندگی و کشـف ابدیت در این لحظههاست. سینمای او مانند سینمای دیگر استادان بزرگ تاریخ سـینما به ما کمک میکند تا به زندگی بهشـکل متفاوتی بنگریم و اثر هنری برای ما به عرصهٔ کشف و شهود تبدیل شود.

زمزمهٔ جویبار معنا

درخت زندگی

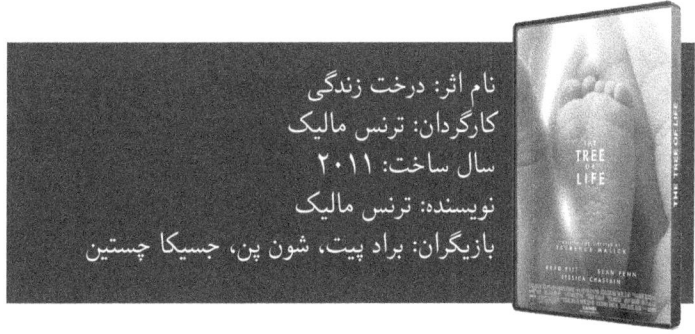

نام اثر: درخت زندگی
کارگردان: ترنس مالیک
سال ساخت: ۲۰۱۱
نویسنده: ترنس مالیک
بازیگران: برادپیت، شون پن، جسیکا چستین

ترنس مالیـک کارگردانی اسـت کـه در فیلم‌هایـش جنبه‌های رازآلـود هسـتی و زندگـی را بـا زبانی شـاعرانه و زیبایی‌شناسیِ

منحصربه‌فردش، به تصویر می‌کشد. عشق، مرگ، معنای زندگی، ایمان، کنکاش هویت، و زیبایی مضامین اصلی آثار او هستند، اما شاید بتوان فیلم «درخت زندگی» را شاعرانه‌ترین و شخصی‌ترین اثر او دانست. فیلم به زندگی فردی به نام جک اوبرین، که نقش او را شون پن ایفا می‌کند، می‌پردازد که در میانهٔ عمر با بحران معنا دست و پنجه نرم می‌کند. او با همسرش، محیطش، کارش و مهمتر از همه با هویتش مشکل دارد و به دنبال تعریف مجدد هویت خود است و برای تعریف هویت خود ناگزیر از سفر به گذشته و بررسی مراحل شکل‌گیری شخصیت خود می‌شود. سفر او به گذشته با بررسی زندگی خانوادگی و تجارب محیطی‌اش همراه است اما دوربین ترنس مالیک نه فقط خاطرات و تجربهٔ درونی این فرد از گذشته را بازآفرینی می‌کند، بلکه از چشم‌انداز ناظری که گویی دانای کل است، به بازآفرینی رخدادها و صحنه‌هایی می‌پردازد که نقش مهمی در شکل‌گیری شخصیت او داشته‌اند و آنها را در برابر چشمان بیننده به تصویر می‌کشد. اما برای درک اینکه زندگی جک چه معنایی دارد، بررسی زندگی خانوادگی و آنچه از بدو تولد جک بر او گذشته، کافی نیست و دوربین ترنس مالیک حوادثی را به تصویر می‌کشد که از ابتدای آفرینش آغاز می‌شوند.

بخشی طولانی از فیلم مالیک روایت آفرینش جهان و سیر و تطور حیات با ابعاد شگفت‌انگیزش است. مالیک کنکاش خود را در مورد تاریخ هستی با این آیه از کتاب ایوب می‌آغازد: «آنگاه که زمین را بنیان نهادم کجا بودی؟» (ایوب ۴:۳۸)؛ به‌عبارت دیگر، در عین‌حال که ما با کنکاش جک برای درک معنای زندگی خود و تلاش او برای تعریف هویتش روبه‌رو هستیم، گویی معنای زندگی او بدون پیوندیافتن با آن معنایی که در کنه هستی نهفته است و در همهٔ ابعاد آن ساری و جاری است، و از ابتدای آفرینش شاهد تطور و تجلی آن هستیم، ممکن نیست. پس از این مقدمهٔ طولانیِ مالیک در مورد آفرینش و تاریخ کیهان و فرآیند تطور حیات، دوربین او

پیوسته و تا پایان فیلم در حال تأمل بر ابعاد مختلف طبیعت و هستی است، که گویی معنایی متعالی را منعکس می‌کنند؛ معنایی از فرط بداعت دست‌نیافتنی.

بخش مهمی از فیلم به بازنمایی جهان کودکی جک و به این اختصاص دارد که او جهان را چگونه تجربه می‌کند. خانوادهٔ جک آمریکایی هستند و در دههٔ پنجاه قرن بیستم در واکوی تگزاس زندگی می‌کنند. تولد فرزندان و روند تدریجی رشد و بزرگ‌شدن‌شان، با ظرافت خاصی نمایش داده می‌شود. سپس در صحنه‌های متعددی شاهد این هستیم که جک و برادرانش شادمانه در حال بازی‌کردن و لذت‌بردن از محیط طبیعی خود هستند. مادر آنها نیز معمولاً در بازی فرزندانش با آنها همراه است و پر از شور و نشاط و سرزندگی بازیگوشانه است. مادری که گاهی از طبیعت جدایی‌ناپذیر است و مهربانی و بزرگواری‌اش بی‌پایان، و او را می‌توان تجسم مفهوم فیض دانست. مادری که به قول سهراب سپهری «بهتر از برگ درخت» است. این مادر که نقش او را جسیکا چستین به استادی ایفا می‌کند، چنان حضور اثیری و سبک‌باری دارد که در صحنه‌ای

از فیلم که یادآور یکی از تابلوهای رنه ماگریت است، در بی‌وزنی از زمین بلند می‌شود و بین زمین و آسمان معلق می‌ماند. در جهان شاعرانهٔ ترنس مالیک رخدادهای سورئال بخشی از زندگی هستند که باورپذیربودن‌شان در شاعرانگی‌شان نهفته است. بازیگوشی کودکان در همه جا امتداد دارد و انگار کل هستی عرصه‌ای برای بازیگوشی است. کودکان در گورستان هم بازی می‌کنند و برای‌شان مهم نیست در اطراف‌شان چه می‌گذرد. آنها در کلیسا هم بازی می‌کنند (به یاد صحنه‌ای از مستندی می‌افتم که در مورد وضعیت پناهندگان سوری در یکی از اردوگاه‌های نزدیک مرز ترکیه بود. در حالی‌که دوربین فقر و فلاکت و بیماری و مشکلات وحشتناک اردوگاه را به تصویر می‌کشد، گروهی از کودکان سوری، بدون توجه به آنچه در اطراف‌شان می‌گذرد، چرخ لاستیکی پاره‌ای را به حرکت درآورده‌اند و شادمانه به دنبال آن می‌دوند. چشم‌های‌شان از شادی می‌درخشد و چنان در بازی غرق شده‌اند که انگار حقیقت دیگری جز لذت بازی وجود ندارد).

دوربین ترنس مالیک از کنار هیچ‌یک از اشیاء و عناصر طبیعت بی‌تفاوت نمی‌گذرد و بر هریک از این اشیاء و عناصر تأمل می‌کند.

بادی که در بیابان می‌وزد، حرکت آرام یک شاخه، گیاهان دریایی که در آب با طمأنینه حرکت می‌کنند، پرده‌های توریِ سفیدی که باد آنها را به رقص می‌آورد، سگی که از چاله‌ای آب می‌خورد. این ایماژهای شاعرانه وحدتی ارگانیک دارند و گویی ترجمان راز هستی‌اند. کودکان و مادر آنها در این راز غوطه‌ورند و با هماهنگی با آن زندگی می‌کنند. اما پدر خانواده داستان جداگانه‌ای دارد. او نماد نظم و انضباط و جدیت و خشونت است. دغدغهٔ او آماده‌کردن فرزندانش برای زندگی است. او نمایندهٔ سویه‌های ناخوشایند زندگی است که البته گریزی از آنها نیست. ما همچنین شاهد درگیری‌ها و تنش‌های خانوادگی هستیم و سختگیری بیش از حد پدر در تربیت فرزندان محیط سنگین و سردی بر خانه حاکم می‌سازد که خود به یکی از عوامل درگیری مادر با پدر تبدیل می‌شود. البته خشونت پدر خانواده بی‌دلیل نیست و او در پی آن است تا پسرانش را برای زندگی در دنیایی بی‌رحم و خشن آماده سازد، اما این خشونت گاه چنان اوج می‌گیرد که تحمل آن دشوار می‌شود.

سکانس‌های مربوط به سال‌های نخستین زندگی جک گویی بهشتی گمشده را به تصویر می‌کشند که در آن همه‌چیز در نظمی جادویی و زیباییِ مسحورکننده‌ای غوطه‌ور است، ولی با گذشت زمان، جک و برادرانش با ابعاد ناخوشایند زندگی آشنا می‌شوند و خود نیز در فرآیند تماس با سویه‌های تاریک و خشن زندگی، به‌تدریج معصومیت‌شان را از دست می‌دهند. در صحنه‌ای جک مجرمانی را می‌بیند که پلیس آنها را دستگیر کرده است و چهره‌های خشن و تاریک و درماندهٔ آنها، در خود چیزی دارد که برای جک کاملاً ناشناخته است؛ همچنین دیدن مردی معلول یا پسری که در آتش‌سوزی، پوست سرش سوخته است و دوربین بر آنها تمرکز می‌کند، جک را با دنیایی متفاوت با آنچه تا به‌حال تجربه کرده، آشنا می‌کند. گویی او به بودای کوچکی می‌ماند که قصر بهشتیِ خود را ترک کرده و خارهای تیز واقعیتِ هستی، بی‌رحمانه در روح او می‌خلند.

در ادامهٔ فیلم متوجه می‌شویم که برادر جک در ۱۹ سالگی خودکشی می‌کند و جک زمان‌هایی را به یاد می‌آورد که روح حساس برادرش توان تحمل سخت‌گیری پدر را ندارد و بارها درهم‌می‌شکند، اما دلیل خودکشی برادر جک به‌روشنی در فیلم بیان نمی‌شود. (ترنس مالیک خود برادری داشته است که در سال ۱۹۶۸ و در جوانی خودکشی کرد). مرگ برادر اثرات عمیقی بر جک گذاشته است. حتی خود را در مرگ برادر مقصر می‌داند، که چرا از او در برابر خشونت پدر دفاع نکرد؛ یا در صحنه‌هایی می‌بینیم که او برادرش را آزار می‌دهد اگرچه در نهایت از او عذرخواهی می‌کند.

در بخش‌هایی از فیلم که به بلوغ جک می‌پردازد، شاهد شکل‌گیری رفتارهای خشن و ضد اجتماعی در او هستیم و او با تعجب تجربهٔ لذت‌بردن از ارتکاب بدی و شرارت را در خود کشف می‌کند. با توجه به معصومیتی که در طول فیلم، ترنس مالیک در جک و کودکان دیگر به تصویر می‌کشد، ظهور شرارت توضیح‌ناپذیر جک و خشم ظاهراً بی‌دلیل و غیرقابل‌کنترلش در برخی شرایط، ذهن ما را معطوف گناه اولیه می‌کند.

به یک معنا تلاش جک برای کشف معنای زندگی و تعریف هویت خود در گذشته، یادآور تلاش مارسل پروست در اثر سترگش

در جستجوی *زمان از دست رفته* است، که در آن نویسنده با تلاش برای به‌یادآوری زندگی گذشته و تجزیه و تحلیل دقایق و جزئیات آن، سعی دارد آنچه را که «زمان از دست رفته» به‌نظر می‌رسد احیاء کند و بدان معنا بخشد. در اثر پروست، این گذشته در قالب اثری ادبی تبلور می‌یابد و شامل تأمل در زوایای حافظه‌ای است که رخدادها و شخصیت‌ها در آن به‌گونه‌ای بازنمایی می‌شوند که گویی واقعیت عینی استعلا می‌یابد؛ این، نوشداروی پروست برای مواجهه با واقعیت میرایی خودش و انسان و امیدی برای یافتن معنا در زندگی بر اساس بازآفرینی رخدادهای آن در آینهٔ هنر است. اما در تفکر مالیک، جک نه فقط باید به گذشتهٔ خود و روابطش توجه داشته باشد، بلکه هستی و طبیعت و اشیای پیرامونش و جریان سیال حیات و زندگی، کلیدهایی هستند که معنای زندگی را بر او می‌گشایند؛ زمزمه‌های جهانی دیگر که در گوش او نجوا می‌کنند.

در پایان فیلم، ما شاهد سکانس‌هایی آخرالزمانی هستیم. جک در برزخ بیابانی بی‌آب‌وعلف گویی گم شده است و سپس او را در کنار ساحل دریا می‌بینیم که در کنار اشخاصی قدم می‌زند. این اشخاص اگرچه در کنار هم‌اند اما فاصلهٔ مشخص آنها از همدیگر و نگاه مات‌شان که گویی همدیگر را نمی‌بینند، بیانگر تنهایی آنها در عین بودن با یکدیگر است. در این سکانس‌ها مادر و برادران جک و نیز پدرش را می‌بینیم که همه جوان‌اند. برادر متوفای او را می‌بینیم که پدرش او را در آغوش می‌کشد. همه چیز در این صحنه‌ها زیبا و کامل است و غروبی دل‌انگیز و پرندگانی که پرواز و اوج‌گرفتن‌شان رهایی را به تصویر می‌کشد، زیبایی این صحنه‌ها را تکمیل می‌کنند. گویی در بهشت هستیم و جک مجدداً سرخوشی و معصومیت کودکانه را تجربه می‌کند.

فیلم «درخت زندگی» را باید بارها و بارها تماشا کرد. نمی‌شود از هیچ نمای این فیلم ۱۳۹ دقیقه‌ای بی‌تفاوت گذشت و کارگردان آن، با وسواس و دقتی شگفت‌انگیز، سعی کرده است در هر نمای

فیلـم، تأثیر و معنایی خاص بگنجانـد. بنابراین، باید این فیلم را با دقت و تمرکز بالا نگریسـت. گفته می‌شـود که فقط تدوین این فیلم سه سال طول کشیده است. براد پیت، که به زیبایی نقش پدر جک را ایفـا می‌کنـد می‌گوید که در هر روز، آنها فقط موفق به برداشـت دو نما می‌شـدند. فیلمبرداری این فیلم نیز که امانوئل لوبزکی آن را انجام داده، فیلمبرداری منحصربه‌فرد وخیره‌کننده‌ای است.

به‌جاسـت که به موسیقی این فیلم نیز اشاره کنیم. این فیلم اگرچه موسیقی اوریجینال نیز دارد اما در بخش اعظم فیلم، ترنس مالیک از آثار آهنگسازان بزرگ تاریخ موسیقی استفاده کرده است. از موسیقی باخ، برامس، مالر، اسـمتانا و بسـیاری آهنگسازان دیگر، به‌شکلی در این فیلم اسـتفاده شـده اسـت که بـا تصاویـر و نماهای مختلف هماهنگی عمیقی دارد و تأثیرات خاصی در بیننده می‌آفریند. یکی از نمونه‌های جالبِ استفاده از آثار موسیقی بزرگان در این فیلم، مربوط بـه صحنهٔ بازی کودکان اسـت کـه در پس‌زمینـهٔ آن، قطعهٔ توکاتا و فوگ باخ شنیده می‌شود. این قطعهٔ معروف که برای ارگ نوشته شده است و از آثار سنگین و پرابهت دوران باروک است، ظاهراً تضادی جدی با بازی فارغ‌بالانه و شورمندانهٔ کودکان دارد. اما نکتهٔ اصلی که مالیک می‌خواهد بر آن تأکید کند همین است که فعل بازی و جدیت آن بـرای کـودک و معنای بازی در حیات انسـان، پدیـده‌ای چنان جـدی اسـت که قطعهٔ توکاتا و فوگ باخ قادر بـه بیان معنایِ نهفته در آن اسـت. این شـیوهٔ استفادهٔ ترنس مالیک از موسیقی کلاسیک، یادآور فیلم «اودیسـهٔ ۲۰۰۱» استانلی کوبریک است، که در آن آثار آهنگسـازان مختلف تاریخ موسـیقی با تصاویـر و نماهای کوبریک تناسـب و همخوانی عمیقی دارند و به نماهای رازآلودی که کوبریک از فضاهای نامتناهی ارائه می‌دهد، عمق و معنایی ویژه می‌بخشند.

دیـدن فیلم درخـت زندگی بـرای طرفـداران جدی هنر سـینما می‌تواند تجربهٔ زیبایی‌شناسانهٔ جدیدی باشد و آنها را با ظرفیت‌های کمترشناخته‌شدهٔ هنر سینما آشناتر سازد.

زندگی پنهان

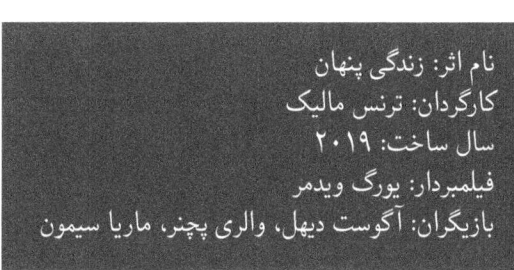

نام اثر: زندگی پنهان
کارگردان: ترنس مالیک
سال ساخت: ۲۰۱۹
فیلمبردار: یورگ ویدمر
بازیگران: آگوست دیهل، والری پچنر، ماریا سیمون

«زندگی پنهان»، از آخرین ساخته‌های ترنس مالیک، فیلمساز آمریکایی، در سال ۲۰۱۹ به نمایش درآمد. این فیلم بر اساس زندگی دهقانی اتریشی به نام «فرانس یگراشتتر» ساخته شده که

به‌خاطر خودداری از ادای سوگند وفاداری به هیتلر و پرهیز از جنگیدن در ارتش نازی در سال ۱۹۴۳، در ۳۶ سالگی توسط رژیم هیتلر اعدام شد. فیلم بر اساس نامه‌هایی که بین او و همسرش رد و بدل شده، ساخته شده است.

فیلم با صحنه‌هایی مستند از رژهٔ پیروزمندانهٔ طرفداران هیتلر و تحسین و تشویق جماعت‌های بزرگی که به او چون قهرمانی اساطیری می‌نگرند، آغاز می‌شود. سپس زندگی آرام دهقانی اتریشی به نام فرانس و خانواده‌اش در روستایی کوچک در آلپ اتریش به نمایش درمی‌آید. فرانس که در ارتش نازی آموزش دیده، با تشدید جنگ جهانی و پخش‌شدن اخبار قساوت‌های ارتش آلمان، وقتی مجدداً به خدمت در ارتش فراخوانده می‌شود، از رفتن به جنگ و ادای سوگند وفاداری به هیتلر سر باز می‌زند. او که کاتولیکی معتقد است ادای سوگند وفاداری به هیتلر را خیانت به ارزش‌هایی می‌داند که عمری با آنها زندگی کرده است. پس از این تصمیم تمامی روستا با او به مخالفت برمی‌خیزند که عواقب این مخالفت دامن همسر و مادرش را نیز می‌گیرد. او عاقبت دستگیر می‌شود و به زندان می‌افتد. در زندان پس از تحمل آزار و تحقیرهای بسیار به مرگ محکوم و در نهایت با گیوتین اعدام می‌شود.

فرانس سیاستمدار یا انقلابی نیست بلکه دهقانی ساده و آزاده است که وجدانی حساس و بیدار دارد و حاضر است برای زیستن مطابق ارزش‌هایش هر بهایی بپردازد. او از زندگی کشیشی اتریشی به نام فرانس دنیش الهام گرفته است که به‌خاطر خودداری از ابراز وفاداری به هیتلر اعدام شد. دوستان و اهالی روستا، رفتاری خصمانه با او در پیش می‌گیرند که با گذشت زمان شدیدتر می‌شود. دوستانش ابتدا او را نصیحت می‌کنند که دست از این مقاومت بی‌حاصل بکشد اما وقتی به نصایح‌شان گوش نمی‌دهد به دشمنی آشکار با او برمی‌خیزند. البته برخی از اهالی روستا در خفا با او احساس همدلی می‌کنند اما فاقد جرأت و جسارت‌ند و شهامت

همراهی با او را ندارند. اما او به تنهایی رنج نمی‌کشد و همسر و فرزندان و بعدها مادرش هم در رنج او سهیم می‌شوند.

در صحنه‌ای از فیلم، همسرش که از تحقیر و آزارهای اهالی روستا به ستوه آمده او را شماتت می‌کند که به فکر خانواده نیست. او به فرانس می‌گوید که خوشبختی آنها در دست اوست و بهتر است مانند دیگران به هیتلر اعلام وفاداری کند. مادرش نیز او را نصیحت می‌کند که دست از دیوانگی بردارد. او زنی رنج‌کشیده است که نمی‌تواند معنای رفتار پسرش را بفهمد. او به فرانس که معنای بزرگ‌شدن بدون پدر را تجربه کرده، می‌گوید که نباید کاری کند که دخترانش رنج بی‌پدری را تجربه کنند. دوستی به او می‌گوید: «قربانی تو به درد کسی نمی‌خورد.» او در این لحظات تلاطمات درونی شدید دارد اما نمی‌تواند از تصمیمی که گرفته عدول کند. او حقیقتی را دریافته که اگر مطابق آن زندگی نکند خودش را نفی کرده است، و مصلحت‌اندیشی مورد انتظار دیگران برای او به‌منزلهٔ خودکشی اخلاقی است.

سرانجام او دستگیر و به برلین فرستاده می‌شود. در زندان «تگل» برلین با جمعی بزرگ از مخالفان رژیم نازی روبه‌رو می‌شود.

گویی بودن در این جمع درد او را سبک‌تر می‌کند اما دور جدیدی از آزارها و تحقیرها نیز آغاز می‌شود بدین‌منظور که مقاومت او را در هم بشکنند. در صحنه‌ای از فیلم، وکیلش به او می‌گوید که مقاومت فایده‌ای ندارد و بهتر است بیانیهٔ ابراز وفاداری به هیتلر را امضا کند و آزاد شود. او در پاسخ می‌گوید: «اما من آزادم.»

فشارها بر فرانس چنان سنگین می‌شود که او بارها به مرز درهم‌شکستن و تسلیم‌شدن می‌رسد. او بین ندای وجدان و فشار نظامی تمامیت‌خواه در حال خردشدن است. اما عزمش را جزم می‌کند و دست از مقاومت برنمی‌دارد. قاضی دادگاه از او می‌خواهد دست از مقاومت بردارد و تسلیم شود و به او می‌گوید که مقاومتش شرایط را تغییر نمی‌دهد. اما او در برابر قاضی سکوت می‌کند، سکوتی که یادآور محاکمهٔ مسیح در حضور پیلاتس است.

شخصیت فرانس یادآور دیگر شخصیت‌های فیلم‌های مالیک است، افرادی تنها و منفرد که به‌دنبال معنایی اصیل برای زندگی خود هستند و در کنکاش برای یافتن معنا، اشتیاقی عمیق به بُعد متعالی زندگی دارند. این اشخاص در شبکه‌ای از روابط اجتماعیِ دست‌وپاگیر و نهادهای تهدیدکننده اسیرند و در تنش دائمی با

این نهادها و کنکاشی که بدون آن زندگی‌شان بی‌معنا است، گام برمی‌دارند.

«زندگی پنهان» فیلمی حدوداً سه ساعته است که باید آن را با دقت و تمرکز بالا دید چون پر از لحظات ناب و مکاشفات تصویری است. برای کسانی که با سبک سینمایی ترنس مالیک آشنایی ندارند تماشای این فیلم ممکن است خسته‌کننده به‌نظر برسد اما برای علاقمندان به آثار سینماگرانی متفاوت با جریان‌های غالب بر سینمای معاصر، ارزش‌های بسیاری برای کشف کردن دارد.

ترنس مالیک در این فیلم به سبک روایتی و داستانی، که در چند فیلم اخیرش از آن فاصله گرفته بود بازمی‌گردد و خط داستانیِ مشخصی را دنبال می‌کند اما باز با سبک سینمایی خاص خودش و شیوهٔ روایتیِ تأمل‌برانگیزش و در چارچوب‌هایی زیبایی‌شناختی که در همهٔ فیلم‌هایش دیده می‌شود. در این فیلم همانند دیگر فیلم‌های مالیک دوربین ازکنار هیچ شیء و پدیده‌ای بی‌تفاوت نمی‌گذرد. جهانی که دوربین او به نمایش می‌گذارد پر رمز و راز است که در آن انسان‌ها در هاله‌ای از پدیده‌های رازآلود زندگی می‌کنند که نسبت به آن بعضاً ناآگاهند، اما دوربین او در پی نمایش این پدیده‌های رازآلود و نیز رخدادهای نابی است که به زندگی اصالت می‌بخشند. میزانس‌های این فیلم بسیار معنادار و حساب‌شده‌اند و در هر سکانس پیامی را به بیننده منتقل می‌کنند. ارتباط غیرکلامی بازیگران هم درکل فیلم بسیار معنادار است و در صحنه‌هایی که زبان قاصر از بیان درد و رنج و احساسات درونی آنهاست، کارگردان با استفاده از عناصر تصویری درون‌شان را به تصویر می‌کشد.

در این فیلم شخصیت‌ها دائماً در حال حرکتند و گویی آرام و قرار ندارند. اگر در برخی فیلم‌های مالیک سکون و درنگ دوربین وجه مشخصهٔ آنها است در این فیلم دوربین دائم در حال حرکت است. طبیعت زیبای روستایی که رخدادها در آن می‌گذرند هیچ تناسبی با سیرت فرومایهٔ اهالی آن ندارد و دوربین تأمل خاصی بر زیبایی

حیرت‌انگیز این طبیعت دارد. از سوی دیگر، اهالی آن‌قدر درگیر روزمرگی و تأمین معاش خود هستند که گویی فرصتی برای دیدن زیبایی خیره‌کنندهٔ این طبیعت ندارند.

در صحنه‌ای از فیلم، فرانس نزد اسقف کاتولیک منطقه‌شان می‌رود تا نظر او را در مورد تصمیمی که گرفته است بداند اما اسقف مصلحت‌اندیشانه به او می‌گوید که باید به ارتش برود و به وطنش خدمت کند. او با کشیش کلیسا نیز مشورت می‌کند، که با فرانس همدلی دارد، اما کشیش هم به او اندرز می‌دهد که به فکر خانواده و آیندهٔ خود باشد. بدین‌سان، فرانس بدون حمایت کلیسا روی ارزش‌های اخلاقی‌اش می‌ایستد. صلیب‌های بزرگی که مسیح مصلوب بر آنهاست در بیشتر صحنه‌های فیلم حضور دارند و گویی مسیح مصلوب شاهد خاموش رنج انسان‌هاست. در صحنه‌ای دیگر از فیلم، فرانس زیر فشارها، چنانکه گویی در حال خردشدن است دعا می‌کند که خدا به او قوت بدهد تا بتواند حقیقت را پیروی کند. در صحنه‌ای دیگر او مزامیر را زیر لب زمزمه می‌کند.

یکی دیگر از ویژگی‌های این فیلم نگاهی است که کارگردان به شرارت نظام تمامیت‌خواه دارد. در این فیلم شرارت یک شخص یا پدیدهٔ مشخص نیست بلکه ویروسی است که همه را گرفتار می‌کند. همه با سکوت و انفعال در مقابل گسترش شرارت، در باززایی و تولید آن نقش دارند، و قهرمان فیلم برای همین در برابر شرارت چنین تنهاست. اگرچه نظام خودکامه، کارگزارانی کارکشته در تولید شرارت دارد اما انبوه عظیمی از انسان‌های خاموش و منفعل، که فقط کارشان را انجام می‌دهند و کاری با کار دیگران ندارند، نقش مهمی در تداوم‌بخشیدن به این شرارت ایفا می‌کنند. بخشی مهم از بدنهٔ نظام ستمگر و شریر را بوروکرات‌ها، کارمندان جزء، وکلا و قضات، اسقف‌ها و سربازان ساده تشکیل می‌دهند. این موضوع را به‌روشنی در صحنه‌هایی که همسر فرانس به ادارات مختلف می‌رود تا شاید بتواند کاری برای همسرش انجام بدهد، می‌توان دید، وقتی

که با دیواری از سکوت و بی‌توجهی روبه‌رو می‌شود. اهالی روستا نیز که در سراسر فیلم به فرانس و خانواده‌اش آزار می‌رسانند بخشی دیگر از جریان تکثیر این شرارتند.

اما خشم و تنفر اهالی روستا نسبت به فرانس و خانواده‌اش وجوه متفاوتی دارد. یک وجه آن همانا مفهوم روحیهٔ تودهٔ گله‌وار است که کی‌یرکگور در آثارش به آن اشاره می‌کند. بسیاری از اهالی روستا دقیقاً نمی‌دانند چرا از فرانس و خانواده‌اش این‌قدر متنفرند اما چون اکثر اهالی از آنها متنفرند آنها هم باید در همراهی با دیگران به آنها تنفر بورزند. اما برخی دیگر از اهالی از سر ترس و در حالی‌که هیچ خصومتی با فرانس و خانواده‌اش ندارند با آنها دشمنی می‌ورزند. اما گویی برخی دیگر از دست فرانس عصبانی هستند چون جرأت کرده راهی به آنها نشان بدهد که در درون‌شان از درستی آن به‌خوبی آگاهند ولی جرأت انتخابش را ندارند. فرانس با انتخاب شیوهٔ زندگی مبارزه‌جویانه انگار باعث می‌شود آنها از خودشان شرمنده باشند. گویی آمادگی و ظرفیت فرانس برای رنج کشیدن به‌خاطر ارزش‌هایش باعث می‌شود اطرافیانش به‌خاطر محافظه‌کاری و عافیت‌طلبی خود احساس گناه کنند.

در فیلم «زندگی پنهان»، مثل دیگر فیلم‌های مالیک، موسیقی و صدا تناسب شگرفی با تصاویر و رخدادها دارند و او استادانه از آنها استفاده می‌کند. موسیقی اوریژینال فیلم ساختهٔ آهنگساز برجسته جیمز نیوتون هوارد است و در کنار آن از آثار هندل و دووژاک نیز استفاده می‌شود. مالیک از سکوت نیز استادانه استفاده می‌کند و برخی رخدادهای فیلم در پس‌زمینهٔ سکوتی معنادار اتفاق می‌افتند. در برخی از صحنه‌های فیلم، صداها زودتر از نماها و تصاویر می‌آیند و مالیک آگاهانه بیننده را برای روبه‌رو شدن با برخی رخدادها آماده می‌کند.

مالیک پس از فیلم‌برداری، با گروهی از تدوین‌گران حرفه‌ای سه سال به تدوین این فیلم اختصاص داد. در کل، تدوین نقش مهمی در شکل‌گیری فرم نهایی فیلم‌های مالیک دارد و بخشی مهم از تأثیرگذاری فیلم‌های او به شیوهٔ تدوین و وسواسی که در این مورد دارد برمی‌گردد.

فیلم با این جملات از جرج الیوت به پایان می‌رسد که عنوان فیلم نیز از آن گرفته شده است:

«یکی از دلایل وجود نیکویی فزاینده در جهان ما، رخدادهایی است که شاید اهمیت تاریخی چندانی ندارند، و اینکه شرایط برای ما وخیم‌تر از وضعیت کنونی نمی‌شود، تا حدی به‌خاطر وجود انسان‌هایی است که زندگی پنهانِ مبتنی بر وفاداری به ارزش‌ها را در پیش گرفته‌اند و در گورهایی گمنام خفته‌اند.»

سکوت

نام اثر: سکوت (Silence)
نویسنده: شوساکو اندو
مترجم: حمیدرضا رفعت نژاد
ناشر: فرهنگ نشرنو، تهران، ۱۳۹۵
کارگردان فیلم: مارتین اسکورسیسی
سال ساخت فیلم: ۲۰۱۶، آمریکا

تأملی بین دو سکوت
رمان «سکوت» به قلم شوساکو اندو نویسندهٔ کاتولیک ژاپنی،
یکی از رمان‌های ماندگار و معروف قرن بیستم محسوب می‌شود که

به زبان‌های مختلف ترجمه شده است. این اثر چند ماه پیش، پس از ترجمه‌شدن به زبان فارسی، وارد بازار کتاب ایران شد. اما رخدادی که این اثر را بر سر زبان‌ها انداخت، ساخته‌شدن فیلمی بر اساس آن و به کارگردانی کارگردان معروف، مارتین اسکورسیسی، بود که از دسامبر ۲۰۱۶ بر پردهٔ سینماها ظاهر شد.

نویسندهٔ رمان «سکوت»، شوساکو اندو، در سال ۱۹۲۳ در ژاپن به دنیا آمد و در سال ۱۹۹۶ چشم از جهان فرو بست. در دوازده‌سالگی تحت‌تأثیر مادرش به‌عنوان یک کاتولیک تعمید گرفت. زندگی در ژاپن به‌عنوان کاتولیک دشواری‌های بسیاری برای او داشت چون در جامعهٔ سنتی ژاپن، مسیحیان پیوسته تحت فشار و جفا بوده، به‌عنوان اقلیتی کوچک با چالش‌های بسیاری روبه‌رو می‌شدند. اندو پس از پایان جنگ جهانی دوم برای تحصیل به فرانسه رفت. اما به‌عنوان ژاپنی نتوانست با فرهنگ غربی انس بگیرد، خصوصاً اینکه شاهد برخوردهای نژادپرستانه و منفی در جامعهٔ فرانسه بود. عدم‌پذیرش در دو فرهنگ متفاوت، تأثیر عمیقی بر شخصیت و در نتیجه بر آثار او گذاشت، و یکی از درونمایه‌های بارز آثار او، زندگی به‌عنوان کاتولیک ژاپنی در بطن فرهنگ سنتی ژاپن، و زندگی به‌عنوان ژاپنی در بطن فرهنگ‌های غیرژاپنی بود. به‌عبارت دیگر، دغدغهٔ هویت فرهنگی که او به‌عنوان کاتولیک ژاپنی با آن روبه‌رو بود، یکی از موضوعات کلیدی رمان‌های اوست. او رمان‌های بسیاری به نگارش درآورد که از آنها می‌توان به «سَمّ و دریا»، «ساموراییی»، «آتشفشان»، «سایه‌ها» و «سکوت» اشاره کرد که دو کتاب آخر به فارسی نیز ترجمه شده است. اندو یکی از مشهورترین نویسندگان ژاپنی است که آثارش، چه در ژاپن چه در خارج از ژاپن، خوانندگان بسیاری دارد و رمان سکوت او یکی از بهترین رمان‌های قرن بیستم محسوب می‌شود.

اگرچه رد پای ایمان کاتولیکی شوساکو اندو در همهٔ آثارش به شکل‌های مختلف هویدا است، اما شاید رمان سکوت او و از این

لحاظ بیش از آثار دیگرش دغدغه‌های او را به‌عنوان یک کاتولیک ژاپنی نشان می‌دهد.

موضوع رمان به حوادث تاریخی و خونبار اوایل قرن شانزدهم برمی‌گردد. اگرچه ژاپنی‌ها در طول تاریخ به شکل‌های مختلف با مسیحیت آشنایی و تماس داشته‌اند، اما نخستین بار در سال ۱۵۴۹، فرانسوا گزاویه، کشیش ژزوئیت وارد ژاپن شد. در نتیجهٔ خدمات گزاویه و کشیشان دیگر، ژاپنی‌های بسیاری به آیین کاتولیک می‌گروند و کلیساهای بسیاری در ژاپن تأسیس می‌شود. داده‌های تاریخی به ما می‌گویند که در سال ۱۵۸۲، ۱۵۰/۰۰۰ ژاپنی مسیحی شده بودند و صدها کشیش و راهب پرتغالی آنها را خدمت می‌کردند. در سال‌های بعدی تعداد این مسیحیان ژاپنی باز هم افزایش یافت و بنا بر برخی روایت‌ها، تعداد آنها بالغ بر ۳۰۰/۰۰۰ تن شد. در سال ۱۵۹۷، اولین جفای جدی به ضد مسیحیان ژاپنی آغاز شد که با گذشت زمان ابعاد گسترده‌تری گرفت و در نهایت تبدیل به جفایی سراسری و وحشتناک شد که هدفش ریشه‌کن ساختن مسیحیت در ژاپن بود. در این جفاها، مسیحیان ژاپنیِ بسیاری کشته شدند و تاریخ روایات هولناکی از شکنجه

و قتل‌عام مسیحیان ژاپنی نقل می‌کند. برخی روایات تاریخی از کشتار و قتل‌عام ده‌ها هزار مسیحی ژاپنی سخن می‌گویند که به‌خاطر ایستادگی بر ایمان‌شان جان خود را از دست دادند. این کشتارها با سبعیت و با هدف ایجاد ترس و وحشت در بین مسیحیان انجام می‌شد و استفاده از روش‌های مختلف شکنجه نیز با آنها همراه بود. در مجموع، آزار و کشتار مسیحیان ژاپنی از شدیدترین نمونه‌های جفا در تاریخ کلیسا محسوب می‌شود. اگرچه در نتیجهٔ این کشتارها مسیحیت در ژاپن کاملاً ریشه‌کن نشد، اما به مذهبی مخفی و زیرزمینی تبدیل شد که پیروان آن در صورت شناسایی‌شدن مورد آزار و شکنجه قرار می‌گرفتند. طی این جفاها، تعداد زیادی از راهبان و کشیشان پرتغالی و اسپانیایی نیز که در ژاپن حضور داشتند، دستگیر و کشته شدند. برخی از آنان به صلیب کشیده شدند و برخی دیگر نیز تحت شکنجه‌های مختلف قرار گرفته، زیر شکنجه جان باختند. بعدها کلیسای کاتولیک، به برخی از آنها و نیز به برخی از شهدای ژاپنی عنوان قدیس را اِعطا کرد.

رمان اندو به رخدادهای این دوره و جفای شدیدی که بر مسیحیان ژاپنی روا شد، می‌پردازد. رمان در قالب نامه‌های یک کشیش ژزوئیت وقایع را روایت می‌کند. این کشیش که رودریگز نام دارد، به همراه کشیش دیگری که گارپ نام دارد، عزم سفر به ژاپن می‌کنند. علت اصلی سفر آنان شنیدن شایعاتی در مورد ارتداد کشیش شناخته‌شده‌ای به نام فریرا است که نقش مهمی در زندگی کشیش رودریگز و همکار و دوستش گارپ داشته است. آنها که سال‌ها در مدرسهٔ علوم دینی زیر نظر پدر فریرا تعلیم یافته‌اند، و پدر فریرا به‌نحوی پدر روحانی آنها محسوب می‌شود، به هیچ عنوان نمی‌توانند اخبار مربوط به ارتداد او را باور کنند و فکر می‌کنند گزارش‌های رسیده از ژاپن در مورد او نادرستند. آنان پس از ملاقات با یکی دیگر از کشیشان ارشد ژزوئیت در گوام، قصد خود را از رفتن به ژاپن برای یافتن پدر فریرا بیان می‌کنند. این

کشیش ارشد به آنها اطمینان می‌دهد که این گزارش‌ها درستند و با توجه به خطرناک‌بودن وضعیت در ژاپن، آنها را از رفتن به آنجا منع می‌کند. اما این دو کشیش جوان مصمم‌اند حقیقت را دریابند، تا شاید بتوانند به دیگران اثبات کنند که این گزارش‌ها در مورد پدر فریرا نادرستند، لذا با کشتی عازم ژاپن می‌شوند.

در این سفر، فردی ژاپنی که کی‌چی‌جیرو نام دارد، قرار است نقش راهنما را برای آنها ایفا کند و بنا بر شایعاتی او جزو کسانی است که قبلاً مسیحی بوده، اما ایمان خود را زیر فشار آزارها و شکنجه‌ها انکار کرده است. آنها با راهنمایی این شخص مخفیانه وارد ژاپن می‌شوند و از همان ابتدا در نزدیکی روستایی که پر از مسیحیان ژاپنی است، سکنی می‌گزینند. جماعت درمانده و نیازمند روستا، ردپایی از فریرا نمی‌توانند به آنها بدهند و دو کشیش تمام وقت‌شان را صرف خدمت به این روستاییان و روستاییان مناطق دیگر می‌کنند تا زمانی که مقامات ژاپنی برای دستگیری آنان و آزار مسیحیان ژاپنی سراغ‌شان می‌آیند. ادامهٔ داستان، موضوع ایستادگی ایمان در برابر رنج و شکنجه و مرگ و احتمال ارتداد در این شرایط است. کشیش گارپ در نهایت در کنار مسیحیان ژاپنی دیگر کشته می‌شود. اما پدر رودریگز هر روز شاهد شکنجه و مرگ مسیحیان ژاپنی است. او نیز آمادهٔ کشته‌شدن در راه ایمانش است، اما مقامات او را نمی‌کشند. بزرگترین شکنجهٔ او، دیدن آزار و مرگ مسیحیان ژاپنی است. در نهایت، مقامات به او پیشنهاد می‌دهند که اگر او می‌خواهد آزار و مرگ مسیحیان ژاپنی خاتمه یابد باید ایمان خود را انکار کرده، بر تمثال مسیح پای بگذارد. عاقبت نیز پدر رودریگز این عمل را انجام می‌دهد و بر تمثال مسیح پای می‌گذارد، اما نه برای اینکه از مرگ می‌هراسد، بلکه برای اینکه نمی‌خواهد با ایستادگی‌اش باعث شکنجه و مرگ اشخاص بیشتری شود. در این حین نیز پدر فریرا را می‌بینند که او را تشویق به انجام این کار می‌کند. نقطهٔ اوج رمان، لحظه‌ای است که او در زیر فشار

روحی و روانی تحمل‌ناپذیری می‌خواهد پای خود را بر تمثال مسیح بگذارد، و ناگهان صدایی درونی که گویی صدای مسیح است با او سخن گفته، می‌گوید: «بر من پای بگذار! من بهتر از هر کس دیگری رنج تو را می‌فهمم. من اصلاً برای اینکه انسان‌ها مرا پایمال کنند، به این جهان آمدم. و برای اینکه شریک رنج انسان‌ها شوم، صلیب خود را برداشتم.»

این خلاصه‌ای از موضوع رمان سکوت است. اما در رمان مضامین اخلاقی و الهیاتی و فلسفی بسیاری مطرح می‌شوند که نویسنده به صراحت در موردشان موضع‌گیری نمی‌کند، بلکه راوی وضعیتی است که تصمیم‌گیری در مورد آن بسیار دشوار است. در واقع، شخصیت‌های رمان در شرایطی قرار می‌گیرند که نمی‌دانند تصمیم درست چیست. نویسندهٔ رمان نیز موضع‌گیریِ صریحی در مورد شرایط پیچیده‌ای که شخصیت‌های رمان با آن روبه‌رو می‌شوند، نمی‌کند، بلکه بنا بر سنت غالب در رمان‌نویسی عصر مدرن، راوی واکنش انسان‌ها به این رخدادهاست، و داوری را به خودِ خواننده وامی‌گذارد. اگرچه او دیدگاه خودش را دارد، اما آن

را بـه صراحت بیان نمی‌کند و فضای ابهام‌آلودی را می‌آفریند که در آن هر خواننده با عمیق‌ترین شـک‌ها و باورهایش روبه‌رو شـود، و با قرار دادن خودش در موقعیت‌های توصیف‌شده در رمان، به تفکر و تأمل در شـرایط انسـان‌ها پرداخته، آنها را درک کند. تمام تلاش اندو این اسـت که خواننده را درگیـر رخدادها کند و بین خواننده و شخصیت‌ها همذات‌پنداری به‌وجود آورد.

سـؤال مهمی که بر کل فضای رمان غالب اسـت، سـؤالی است که پدر رودریگز بارها از خود و خدا می‌پرسـد. او متعجب است که چرا خدا سکوت کرده است و در این شرایط فاجعه‌بار کاری نمی‌کند یا سـخنی نمی‌گوید. عنـوان رمان نیز بیانگر این سـؤال بزرگ پدر رودریگز اسـت، و در جایی به خدا می‌گوید: «سـنگینی سـکوت تو غیرقابل‌تحمل اسـت.» اما در جایی از رمان این سـکوت شکسـته می‌شود و مسیح با رودریگز سخن می‌گوید و او را تشویق می‌کند تا بـر تمثالش پای بگذارد. اما ایـن موضوع به‌گونه‌ای در فضای رمان مطرح می‌شـود که خواننده با اطمینان نمی‌تواند بگوید که این صدا واقعاً صدای مسیح است یا فقط آنچه که در ذهن رودریگز می‌گذرد.

رمان چشم‌انداز متفاوتی را در مورد موضوع ایستادگی در ایمان و آمادگی برای شهادت مطرح می‌کند. پدر رودریگز در شرایطی قرار می‌گیرد که اگرچه آمادهٔ پذیرفتن شـهادت و مردن در کنار مسیحیان ژاپنی اسـت، اما جفاکنندگان او را در شـرایطی قرار می‌دهند که او هرچه بیشـتر در مورد ایمانش پافشاری می‌کند، مسیحیان بیشتری کشـته شده، شکنجه‌های وحشـتناکتری به ضدشان اِعمال می‌شود. برای رودریگز شهیدشـدن در این شـرایط حتـی عملی خودخواهانه می‌تواند باشد، چون با شهیدشدن، او به‌یکباره راحت می‌شود، حال هـر بلایـی که می‌خواهد سـر دیگران بیاید. ولی او بـا عمل ارتداد، کاری را انجـام می‌دهـد که ورای تحملش اسـت، اما باعث نجات زندگی دیگران می‌شـود. در چنین شـرایطی ارتداد او عمل پرمحبتی است، چون باعث نجات جان‌های بسیاری می‌شود، و پافشاری او

بر شهادت ظاهراً عمل اشتباهی است، چون به مرگ انسان‌های بیشتری می‌انجامد. به یک معنی، رودریگز حتی با عمل ارتدادش، به جوهرهٔ ایمان مسیحی وفادار می‌ماند و گویی صدای مسیح نیز او را به انجام این عمل تشویق می‌کند. اما سؤالی که در اینجا مطرح می‌شود این است که اگرچه نتیجهٔ آنی عمل او آزاد شدن گروهی از انسان‌ها از شکنجه و مرگ است، اما در نهایت و در درازمدت، نتیجهٔ عمل او چه تأثیری بر آیندهٔ مسیحیت در ژاپن می‌گذارد؟ دهقانانی که خود را آمادهٔ پذیرش مرگ کرده بودند، در مورد این عمل او چه می‌اندیشند؟ آیا زیستن به هر قیمت و شرایطی قابل توجیه است؟ او و دهقانانی که زندگی به قیمت انکار ایمان‌شان به آنها داده می‌شود، چگونه می‌خواهند به زندگی ادامه دهند؟ به یاد شعری از احمد شاملو می‌افتم:

«گر بدین‌سان باید زیست پست،
من چه بی‌شرمم اگر فانوس عمرم را به رسوایی نیاویزم
بر بلندِ کاج خشک کوچهٔ بن‌بست.»

اینها سؤالاتی است که در ذهن خوانندگان بسیاری مطرح می‌شود، اما اندو پاسخی واضح به آنها نمی‌دهد، و هر خواننده را با پاسخ‌هایی که ممکن است به این سؤال بدهد، تنها می‌گذارد. در واقع، وظیفهٔ رمان‌نویس دفاع از یک انتخاب یا محکوم کردن آن نیست. رودریگز و انسان‌های دیگرِ رمان، هر یک در شرایطی خاص دست به انتخاب‌های دشواری می‌زنند، و شاید اگر ما به‌جای آنها بودیم، همان انتخاب یا حتی انتخاب‌های بدتری می‌کردیم.

این رمان از منظری دیگر، نه رمانی در مورد شهادت، بلکه رمانی در مورد اجتناب از شهادت است. و نیز رمانی در مورد انسان‌های صادق اما ضعیفی است که ظرفیت تحمل رنج و درد در آنها محدود است و در شرایطی خاص، اگرچه ایمان در قلب‌شان

وجـود دارد، ولی بـه‌خاطر ناتوانی در تحمل رنج، به‌ظاهر آن را انکار می‌کنند. در واقع، در طول تاریخ مسیحیت، آثار بسیاری در تحسین شـهدای کلیسـا به نگارش درآمده اسـت و رمان‌های بسیاری چون «کجا می‌روی»، اثر هنریک سنکویچ، به شرح حماسی زندگی مردان و زنانـی پرداخته‌اند کـه جان خود را برای ایمان‌شان فدا کرده‌اند، و همان‌گونـه که ترتولیان گفته اسـت: «خون شـهدا نهال کلیسـا را آبیاری می‌کند.» اما تاکنون هیچ نویسـندهٔ مسـیحی سـراغ کسانی نرفته است که تحت شرایطی ایمان خود را انکار کرده باشند، و نیز چنین کسـانی را به شـخصیت‌های اصلی رمانش تبدیل کرده باشد. این اشخاص معمولاً به‌عنوان اشخاصی منفور و ضعیف و ملعون شناخته شده‌اند، و در کنار شور حماسی شهیدانی که علی‌رغم تحمل شـکنجه‌ها و آزارهای بسیار جان‌شان را فدا کرده‌اند، این اشخاص حتی ارزش نداشـته‌اند که کوچک‌ترین اشـاره‌ای به آن‌ها شـود. اما آیا به‌راسـتی این اشـخاص در شرایط آزار و جفا ایمان خود را به شکل کامل از دست می‌دهند؟ چه عوامل و انگیزه‌هایی باعث می‌شود که آنان ایمان‌شان را انکار کنند؟ خدا در مورد آن‌ها چگونه می‌اندیشد؟

اندو در رمان سـکوت سـعی می‌کند به صدای ایـن گروه تبدیل شـود. فردی مانند کی‌چی جیرو، مرتب می‌لغزد و بر تمثال مسـیح پای می‌گذارد، اما پیوسـته به دنبال کشیشـان اسـت و در عشـای ربانی شـرکت می‌کند و می‌خواهد بـه گناهانش اعتراف کند. در جاهایی از رمان و نیز در فیلم اسکورسیسی، شخصیت او رقت‌آور و حتی نفرت‌انگیز به‌نظر می‌رسد و پدر رودریگز نمی‌تواند رفتارهای متناقـض او را درک کند. امـا در پایان رمان، علی‌رغم وجـود خطرات، او باز سراغ پدر رودریگز می‌رود تا نزد او اعتراف کند. در بخشی دیگر از رمان، او این اعتراف تلخ را نزد رودریگز می‌کند که اشخاص قوی نمی‌توانند رنجی را که اشخاص ضعیف می‌برند، درک کنند. آن‌ها آن‌قدر قوی هسـتند که تا به آخر می‌ایسـتند، اما اشخاص ضعیف شـکنجه‌ای درونی را تجربه می‌کنند که پایانی ندارد. آن‌ها از

خود متنفرند و به‌شدّت احساس پشیمانی می‌کنند، اما چارهٔ دیگری ندارند و به شیوهٔ دیگری نمی‌توانند زندگی کنند.

نویسندهٔ معروف مسیحی، فیلیپ یانسی، علاقهٔ زیادی به اندو و آثارش، و خصوصاً رمان سکوت او دارد. از دیدگاه یانسی، اندو عظمت محبت و فیض مسیح را درک کرده است. شاگردان مسیح نیز او را رها کرده، می‌گریزند، اما او باز آنها را می‌پذیرد و باز مقام رهبری پطرس را بعد از قیام خود از مردگان به او یادآوری کرده، او را در این خدمت تأیید می‌کند. مسیح با وجود اینکه پیشاپیش از خیانت یهودا آگاه است، اما پیوسته با محبت با او رفتار می‌کند و در شبی که او را تسلیم کردند، پای‌های او را نیز می‌شوید.

دیدگاه دیگری که در مورد رمان سکوت مطرح می‌شود این است که اندو به‌عنوان مسیحی ژاپنی تلاش می‌کند تا تصویری تلطیف‌شده‌تر و مهربانانه‌تر از خدای مسیحیت ارائه کند، چون از دیدگاه او، تصویرکاتولیسیسم از خدا خشک و خشن است و برای فرهنگ ژاپنی چندان جذاب نیست. او به‌عنوان مسیحی ژاپنی از

یک‌سو تحت فشار فرهنگ ژاپنی و سنت‌های انعطاف‌ناپذیر آن بود که همیشه برخوردی ناپذیرنده با مسیحیان ژاپنی داشت، از سوی دیگر با مطالباتی که در کاتولیسیسم سنتی وجود داشت دست و پنجه نرم می‌کرد که در بطن جامعه‌ای سنتی چون جامعهٔ ژاپن، فرد را با مشکلات عدیده‌ای روبه‌رو می‌ساخت. رمان سکوت به یک معنا وضعیت انسان‌هایی است که بین یک فرهنگ خشک و نامدارا و کاتولیسیسمی که گاه بسیار جزم‌اندیش است، قرار گرفته‌اند، و این تنگنا برای برخی از آنها غیرقابل‌تحمل است. صدای همدلانهٔ مسیح که با پدر رودریگز سخن می‌گوید، بیانگر تصویری متفاوت از مسیح است که وضعیت دشوار انسان را درک کرده و نمی‌خواهد او بیشتر از این رنج بکشد.

دیدگاه دیگری در مورد این رمان وجود دارد که آن را بیانگر نگاه انتقادی اندو نسبت به مسیحیت غربی می‌داند. همان‌گونه

که اشاره شد، تجربهٔ زندگی اندو در فرانسه و به‌طور کل غرب تجربه‌ای ناخوشایند بود و او اگرچه مسیحی کاتولیک بود، اما به‌خاطر ژاپنی‌بودنش، تبعیض و طردشدگی را در این جامعه تجربه کرد. از این‌رو، وی نگاهی انتقادی به انسان غربی و مسیحیت

غربی دارد. در رمان به‌جز کی‌چی‌جیرو، تقریباً مسیحیان ژاپنیِ دیگر ثابت‌قدمانه و با شجاعت به استقبال مرگ می‌روند و از شهادت استقبال می‌کنند، اما پدر فریرا و رودریگز هر یک به دلایل خاص خودشان، در نهایت ایمان‌شان را انکار کرده، در خدمت مقامات حکومتی درمی‌آیند. در بحث‌هایی که در مورد عدم تجانس مسیحیت با فرهنگ ژاپنی در رمان مطرح می‌شود (این بحث‌ها در روایت سینماییِ اثر، چندان موفق از کار درنمی‌آیند ولی در متن رمان جالب و جذابند)، این مشکل مطرح می‌شود که میسیونرهای غربی درک درستی از فرهنگ ژاپنی ندارند و چندان متوجه نیستند که چه در ذهن دهقانان ژاپنی می‌گذرد. بنابراین، برخی رمان سکوت را نقد اندو بر نگرش مسیحیان غربی می‌دانند. سکوت آزاردهنده‌ای که پدر رودریگز را کلافه کرده، برای مسیحیان ژاپنی زجرآور نیست و آنها با رضای‌باطن و اطمینان و بدون انتظار اینکه خدا باید در مورد این شرایط سخن بگوید، به استقبال مرگ می‌روند. گویی ذهن تحلیل‌گر کشیش ژزوئیت غربی نمی‌تواند توضیحی برای این شرایط بیابد، اما ایمان سادهٔ مسیحیان ژاپنی این آزارها و جفاها را به‌عنوان بخشی از دعوت خود می‌بیند و اعتراضی به این شرایط ندارد. در واقع، مفهوم سکوت در ذن بودیسم که به شکل‌های مختلف در فرهنگ ژاپن مشهود است، باعث می‌شود مسیحیان ژاپنی به‌گونه‌ای دیگر به سکوت بنگرند. آنان در این سکوت آرامش و معنا می‌بینند و این سکوت بیش از آنکه آنها را وحشت‌زده کند، به آنان اطمینان بخشیده، آرام‌شان می‌کند.

به هر حال این رمان، چندلایه و پر رمز و راز و پیچیده است که نمی‌توان انتظار داشت احکام جزمی و اخلاقی صریح صادر کند. اساساً یکی از ویژگی‌های هر اثر هنری ماندگار و ارزشمند این است که تفسیرهای متفاوتی می‌توان از آن داشت و مخاطبان مختلف هر اثر در فرهنگ‌ها و زمان‌های گوناگون، با توجه به ویژگی‌های فردی و فرهنگی خاص خودشان، در سطوح مختلف معنایی با اثر هنری

رابطه ایجاد می‌کنند و افق‌های ذهنی‌شان تعیین‌گر برداشت‌هایی است که می‌توانند از یک اثر هنری داشته باشند. رمان سکوت نیز اثری است که به‌خاطر غنای مفاهیم مطرح‌شده در آن و نیز به‌خاطر اینکه در قالب رمان مدرن نوشته شده است، در معرض تفاسیر و برداشت‌های گوناگونی قرار دارد که هر یک بخشی از واقعیت‌های رمان را منعکس می‌کنند. به قول مولانا: «هر کسی از ظن خود شد یار من.»

در مورد روایت سینمایی این اثر نیز می‌توانیم به نکاتی چند اشاره کنیم: کارگردان معروف آمریکایی، اسکورسیسی، نسخه‌ای سینمایی از این اثر را به سینمادوستان عرضه کرده است که باعث شده رمان سکوت بیشتر مورد توجه قرار بگیرد. اسکورسیسی که خود را کاتولیک می‌داند، پس از خواندن این رمان، همیشه آرزو داشت نسخه‌ای سینمایی از آن بسازد. اما تقریباً ۱۷ سال طول کشید که مقدمات ساختن این فیلم مهیا شود و او عاقبت در سال ۲۰۱۶ این فیلم را ساخت. او به‌عنوان کاتولیک، بسیاری از دغدغه‌های دینی خود را در این رمان منعکس می‌بیند و سعی می‌کند این دغدغه‌ها را به زبانی سینمایی بیان کند. او در سال ۱۹۸۸ نیز، بر اساس رمان

نیکــوس کازانتزاکیــس، فیلم بحث‌انگیز «آخرین وسوسهٔ مســیح» را ســاخت که در زمان نمایش با اعتراضات بســیاری روبه‌رو شــد. اسکورسیسی در مصاحبه‌ای با کشیش کاتولیک جیمز مارتین، فیلم «ســکوت» را مرحله‌ای جدید از ســلوک ایمانی خود می‌داند و سعی می‌کنــد به برخــی از دغدغه‌های دینی خود بپــردازد. او همچنین در مــورد علاقهٔ ویژه‌ای که در ســنین نوجوانی به زندگی میســیونرهای کاتولیک داشــت، ســخن می‌گوید، مبنی بر اینکــه این فیلم فرصتی اســت تا این علاقه را در قالب بازنمایی ســینمایی رمان ســکوت به تصویر بکشد.

در کل، اسکورسیســی سعی می‌کند به بسیاری از مضامین رمان ســکوت وفادار بماند و در مجموع نگاه همدلانه‌ای به پدر رودریگز و آنچــه بــر او می‌گذرد، دارد. در پایان فیلم، جسد پدر رودریگز را می‌بینیم که باید برای سوخته‌شــدن از منزلش خارج شــود. سپس دســتان به‌هم‌پیوســتهٔ او را می‌بینیم که صلیبی در میانش قرار گرفته اســت، و دوربین اسکورسیسی با گرفتن یک نمای نزدیک، بر این موضوع تأکید می‌کند که رودریگز علی‌رغم انکار ایمان خود و زندگی

در فضایـی کـه او را بـه ارتـداد وادار کرده، هنـوز ایمانش را حفظ کـرده و با ایمان این جهان را تـرک می‌کند. این صحنهٔ آخر، روایت اسکورسیسـی از عاقبت رودریگز اسـت، چون در رمان سکوت به چنین رخدادی اشـاره نمی‌شـود و تنها در نسخهٔ سـینمایی است که اسکورسیسـی سـکوت انـدو را در مورد آنچه کـه در قلب رودریگز می‌گذرد، با تصویری این‌چنینی می‌شکند. پدر رودریگز از جهتی شبیه شـخصیت‌های دیگر فیلم‌های اسکورسیسی است. در اکثر فیلم‌های او، شـخصیت‌هایی را می‌بینیم که از احسـاس گناه آزاردهنده‌ای رنج می‌برند. برای مثال، بوکسـورِ فیلم «گاو خشمگین» (با نقش‌آفرینی بازیگر محبوب اسکورسیسی، رابرت دونیرو) و پلیس‌های فیلم‌های «جزیـرهٔ شـاتر» و «متوفی» (بـا نقش‌آفرینی دیگـر بازیگر محبوب اسکورسیسی، لئوناردو دکاپریو) همه اسیر احساس گناهی هستند که از آن نمی‌توانند رها شـوند. رودریگز نیز پس از ارتدادش اسـیر این حس گناه می‌شود و فقط یاد می‌گیرد با آن زندگی کند.

یکی دیگر از ویژگی‌های فیلم اسکورسیسی، حضور دوربین سرد و بی‌روحی است که صحنه‌های آزار و شکنجه و کشتار مسیحیان را با خونسردی ثبت می‌کند. به یک معنی، این نحوهٔ به تصویر کشیدن مرگ و خشـونت بیانگر جنبه‌ای از فرهنگ ژاپنی اسـت که رنج و درد را با آرامش و متانت تحمل می‌کند. از سویی دیگر بیانگر ادای دِین اسکورسیسـی به استادان بزرگ سینمای ژاپن، چون کوروساوا و اوزو است که بدین‌شکل خشونت را به تصویر می‌کشیدند.

دیگـر نکتـهٔ جالب فیلـم اسـتفاده از صداهای طبیعـت به‌جای موسـیقی فیلم است که باز بیانگر تأکیدی است که در فرهنگ ژاپن در مورد توجه به طبیعت و گوش فرادادن به صدای آن وجود دارد.

از رمان سـکوت فیلم دیگری نیز در سـال ۱۹۷۱ ساخته شد که کارگردانی ژاپنی، به نام هیرا شینودا، آن را کارگردانی کرده است.

در کل در مـورد رمان و فیلم سـکوت نظـرات متفاوتی در بین مسـیحیان دیده می‌شود. برخی چون اسقف کاتولیک روبرت بارون

کـه در زمینهٔ نقد فیلم صاحب‌نظر اسـت، پیام فیلم را مسـامحه در مورد ایمان و آسان‌گیری در مورد پدیدهٔ ارتداد می‌بیند. از نظر بارون، عمل پدر رودریگز و پدر فریرا به‌گونه‌ای توجیه می‌شـود که شـهادت قهرمانانهٔ مسـیحیان ژاپنی زیر سؤال می‌رود. او در نقدی که بر این فیلم نوشته، در آخر این سؤال را می‌پرسد که اگر ارتداد پدر رودریگز و پدر فریرا قابل‌توجیه است، پس مرگ دردبار سه دهقان ژاپنی در دریا که یکی از صحنه‌های پرشکوه فیلم است، بی‌معناست.

برخی دیگر از مسـیحیان نیز این فیلم را توجیه‌کنندهٔ این دیدگاه می‌داننـد کـه ایمان حقیقتی اسـت که به حیات فـردیِ و خصوصی اشـخاص مربوط می‌شـود و اگر انسـان‌ها نمی‌توانند آن را در جمع مطرح کنند، در ماهیت اصلی ایمان مشـکلی پیش نمی‌آید و اساساً نیازی به این کار نیست. یا به‌عبارت دیگر، پیام اصلی رمان و فیلم، تبعید ایمان به حوزهٔ حیات خصوصی اسـت که در این‌صورت هیچ خطـری برای دنیای بیرون ندارد. دنیای بیرون را باید به ارزش‌های سـکولار واگذاشـت و در قلمرویی دیگر باید حیات دینی را تعریف کرد. اما گروهی دیگر پیام رمان و فیلم را کاملاً مسـیحی می‌دانند. از دیدگاه آنها صدایی که با پدر رودریگز سخن می‌گوید، صدای خودِ مسـیح اسـت و این فیلم نگاه عمیقی به مفهوم فیض پذیرشـگر و بخشایندهٔ خدا دارد. از دیدگاه آنها خدا رنج انسان‌هایی را که در زیر بـار جفا لِه می‌شـوند درک کرده، می‌بیند و آنهـا را محکوم نمی‌کند. از نظـر آنان پیام اصلی رمان و فیلم سـکوت، نگاهـی واقع‌گرایانه به طبیعت ضعیف بشـر و رحمت و بخشـش عظیم خدا نسـبت به انسان است.

آزادی تعالی‌بخش

نام اثر: گاتاکا (Gattaca)
نویسنده و کارگردان: اندرو نیکول
سال ساخت: ۱۹۹۸
موسیقی: مایکل نیمان
بازیگران: ایثن هاک، اوما تورمن، جود لاو

در ژانر فیلم‌های علمی‌-تخیلی می‌توان فیلم‌هایی یافت که ارزش بارهـا دیدن را دارنـد و در عین برخـورداری از ارزش‌های هنری و سینمایی، پرســش‌های عمیق فلسفی پیش می‌کشند. این فیلم‌ها به

موضوعاتی چون ماهیت وجود انسان، منشاء و سرنوشت کیهان، امکانات و ظرفیت‌های بی‌نهایت انسان و خطرات و امکاناتِ علم و تکنولوژی در درازمدت، معنای هستی، معنای زمان، امکان وجود شکل‌های متفاوتی از حیات در کائنات و موضوعات مشابه می‌پردازند. برخی دیگر از فیلم‌های این ژانر، سرگرم‌کننده‌اند و با استفاده از جلوه‌های ویژه و امکانات نوینی که تکنولوژی معاصر برای به تصویر کشیدن تخیلات آدمی فراهم آورده است، آثاری جذاب و دیدنی خلق کرده‌اند. اما این دستهٔ دوم، علی‌رغم داشتن ارزش‌های تکنیکی و سینمایی، فاقد معنایی عمیق یا ایده‌های تأمل‌برانگیزند. از گروه اول می‌توان به فیلم‌هایی چون «اودیسهٔ ۲۰۰۱» اثر استنلی کوبریک، «ماتریکس ۱» اثر برادران واچفسکی، «رسیدن» اثر دنی ویلنوو، «هوش مصنوعی» اثر استیون اسپیلبرگ، «بیگانه» اثر ریچارد کامرون، «سولاریس» اثر آندره تارکوفسکی و برخی از آثار برجستهٔ کریستوفر نولان اشاره کرد.

فیلم «گاتاکا» را می‌توان جزو فیلم‌های گروه اول به‌شمار آورد که موضوعات تأمل‌برانگیز بسیاری را در مورد آینده‌ای که فن‌آوری‌های زیستی رقم زده‌اند، مطرح می‌کند. در این فیلم شاهد هستیم که پیشرفت‌های علم ژنتیک و علوم زیستی، در همان حال که امکانات بسیاری را در اختیار انسان گذاشته‌اند، جامعه‌ای را شکل داده‌اند که در آن انسان‌ها صرفاً بر اساس ساختار ژنتیکی و توانمندی‌ها و قابلیت‌های ژنتیکی‌شان ارزیابی می‌شوند. در این جامعه، علوم زیستی این امکان را به سردمداران و برنامه‌ریزان می‌دهند که آیندهٔ انسان و توانایی‌ها یا ناتوانی‌های آیندهٔ او را با دقت بالای علمی محاسبه و پیش‌بینی کنند. در آغاز فیلم، شخصیت اصلی، وینسنت فریمن، از نظر ژنتیکی مشکلاتی دارد که باعث خواهند شد در سنین بالاتر به برخی بیماری‌ها مبتلا شود. در مقابل، برادر بزرگترش، اندرو، از نظر ساختار ژنتیکی شخص بسیار سالمی است و آینده‌ای درخشان در انتظار اوست. این آزمایش‌های اولیه، سرنوشت و

جایگاه انسان‌ها را در جامعه پیشاپیش تعیین می‌کنند و این جامعهٔ به‌شدت منفعت‌گرا، حاضر نیست روی اشخاصی سرمایه‌گذاری کند که آزمایش‌های ژنتیکی با پرده‌برداشتن از ضعف‌های فیزیولوژیک و روانی‌شان، پیشاپیش نشان داده است که آیندهٔ نویدبخشی در انتظارشان نیست. بر این اساس، این جامعه اشخاص را به دو گروهِ افراد معتبر و نامعتبر تقسیم می‌کند.

از ابتدای فیلم شاهد این هستیم که وینسنت علی‌رغم قابلیت‌های منحصربه‌فرد بسیار، از پذیرفته‌شدن در مدارس باز می‌ماند و در مقایسه با برادر سالم و هوشمندش، در خانواده نیز توجه چندانی به او نمی‌شود و حتی نگاه والدین به او، متأثر از ملاک‌های عملگرایانه و سودمندباورانهٔ جامعهٔ مبتنی بر جبرگرایی ژنتیکی است. در بزرگسالی، او در گروه افراد نامعتبر و برادرش جزو گروه افراد معتبر طبقه‌بندی می‌شوند. به این‌ترتیب، برادرش افسر پلیس می‌شود و او رفتگری در یک مرکز تحقیقات فضایی.

اما وینسنت تسلیم سرنوشتی که این جامعهٔ جبرگرا بر او تحمیل می‌کند نمی‌شود و با فریب‌دادن سیستم و توسل به حیله‌های مختلف،

خود را در گروه اشخاص معتبر جا می‌زند و در مرکز فضایی مشغول تحقیق می‌شود. برخلاف آنچه سیستم جبرگرا برای او تعیین کرده است او با سخت‌کوشی و پشتکار فراوان، توانایی‌های‌اش را به‌کار می‌گیرد و قابلیت‌های فراوانش را شکوفا می‌سازد.

شخصیت وینسنت که نام خانوادگی او فریمن (Freeman) یعنی «انسان آزاد» است، تجسم عصیان علیه جبرگرایی و تفکر تقلیل‌گرایانهٔ (Reductionistic) اطرافش است. در واقع، یکی از موضوعات محوری فیلم مفهوم ارادهٔ آزاد (اختیار) انسان است و در کل فیلم شاهد رویاروییِ جبرگرایی و جامعهٔ تمامیت‌خواه (توتالیتر) با آزادی انسان هستیم. در این فیلم ما با نظامی تمامیت‌خواه مواجه‌ایم که با حمایت علم، ضمن سلب ارزش و کرامت ذاتی انسان‌ها، حق انتخاب را از آنها می‌گیرد و همه چیز را بر اساس محاسبات خشک ریاضی و احتمالات ژنتیکی تعریف می‌کند. وینسنت تصمیم می‌گیرد خودش آینده‌اش را بسازد و هویتش را شخصاً شکل دهد. اما در طول کل فیلم او باید هویت مطلوب و خودساخته‌اش را پنهان و به چیزی غیر از آنکه هست، تظاهر کند. او در موقعیت پیچیده و غامضی قرار می‌گیرد که برای اینکه خودش باشد، مجبور است شخص دیگری باشد و خود را جای شخص دیگری بگذارد چون جامعهٔ تمامیت‌خواه خارج از چارچوب‌های ازپیش‌تعیین‌شده‌ای که بر اساس ساختار ژنتیکی و کُد ژنتیکی اشخاص مقدر کرده، هیچ حق انتخابی برای انسان‌ها قائل نیست و هرگونه تخطی از معیارهای مقدر را سخت کیفر می‌دهد.

نوع نگاه حاکم بر سردمداران این جامعه بی‌شباهت به نگاه رژیم نازی‌ها نیست که در ایام حکمرانی‌شان دیدگاه‌های مشابهی را مطرح می‌کردند. آنها نژاد آریایی و ژن‌های آریایی را نمایندگان نژاد برتر می‌دانستند و با آزمایش‌های پزشکی در پی کشف و سپس نابودسازی اشخاصی بودند که معلولیت‌های جسمی و مشکلات روانی داشتند و در پی اصلاح نژادی و ژنتیکی جامعه بودند. آنها

به نگرش نژادپرستانهٔ خود رنگ و بوی علمی داده و با توسل به دیدگاه‌هایی چون مفهوم اَبرانسان نیچه، دیدگاه برتری نژادی را در جامعه رواج می‌دادند. هولوکاست یهودیان و رفتار وحشیانه با اسلاوها و کشتار وسیع آنها از نتایج چنین نگرشی بود. در دوران حاکمیت نازی‌ها همچنین بسیاری از آلمانی‌هایی که دچار معلولیت‌های جسمی بودند یا از بیماری‌های روانی رنج می‌بردند، مخفیانه سر‌به‌نیست شدند تا به‌زعم نازی‌ها جامعهٔ آلمان از شر وجود این عناصر نامطلوب پالایش شود و نژاد آریایی خالص شود.

اما پیام اصلی فیلم، اصالت آزادی انسان و ارزش ذاتی او و همچون موجودی پیش‌بینی‌ناپذیر است که ابعاد وجودی او را نمی‌توان فقط بر اساس ساختار ژنتیکی تعریف کرد. در کتاب‌مقدس نیز انسان موجودی توصیف می‌شود که به صورت خدا آفریده شده است و این شباهت، به آزادی انسان و امکانات بی‌نهایتی که روح انسان از آنها برخوردار است معنا می‌دهد. آموزهٔ آفرینش انسان به صورت خدا شأن والایی به انسان می‌بخشد که باعث می‌شود نتوان او را به عناصر مادی صِرف تقلیل داد و یا او را صرفاً بر اساس سودمندی یا بهره‌وری اقتصادی یا توانمندی‌های فکری‌اش ارزش‌گذاری کرد.

از دیگر شخصیت‌های مهم این فیلم دانشمندی به نام جروم است که نقش او را جود لاو ایفا می‌کند. او بر اثر حادثه‌ای فلج و از گروه معتبرها کنار گذاشته شده است. جروم سعی دارد به وینسنت که نقش او را ایثن هاک بازی می‌کند، کمک کند تا در جای او قرار گیرد و هویت قبلاً موفق او را تصاحب کند. جروم که به‌خاطر معلولیت، از سیستم طرد شده است احساس بی‌ارزشی و پوچی می‌کند و با کمک به وینسنت، سعی در معنابخشی به زندگی خود دارد.

یکی دیگر از شخصیت‌های مهم فیلم دختری به نام ایرن است که جزو گروه معتبرها و در مرکز تحقیقات فضایی همکار وینسنت است، اما او نیز مبتلا به بیماری قلبی می‌شود و در آستانهٔ حذف‌شدن

از جامعه و پرتاب‌شدن به جرگهٔ نامعتبرها قرار می‌گیرد. در طول فیلم بین وینسنت و ایرن رابطهٔ عاشقانه‌ای شکل می‌گیرد و در نهایت آنها به راز یکدیگر که سعی در پنهان‌کردنش از سیستم دارند پی می‌برند. به‌عبارتی، ضعف و شکستگی آنها باعث نزدیکی‌شان به‌هم می‌شود و دردی مشترک آنها را به یکدیگر پیوند می‌دهد. چه رابطهٔ وینسنت با جروم و چه رابطهٔ عمیقش با ایرن، باعث می‌شود تا آنها در وسط دنیایی سرد و بی‌روح و بی‌رحم که جبرگرایی بر آن حاکم است، دنیایی متفاوت برای خود بیافرینند. در صحنه‌ای از فیلم، در یکی از نخستین برخوردهای وینسنت با ایرن، ایرن به‌جای ایجاد ارتباط با وینسنت و حرف‌زدن با او و تلاش برای شناخت وی یا شناساندن خود، تار موی خود را به او می‌دهد تا وینسنت DNA و ساختار ژنتیکی‌اش را بررسی کند و ببیند آیا می‌تواند به او علاقه‌مند شود یا نه؟ در دنیایی که تمام هویت انسان‌ها در ساختار ژنتیکی آنها و احتمالاتی که ژن‌ها رقم می‌زنند خلاصه شده، ایجاد صمیمیت بین و سخن گفتن از علائق و شخصیت و اولویت‌ها از اهمیت چندانی برخوردار نیست. اما با گذشت زمان، آنها با هم سخن می‌گویند و دنیای درون‌شان را بر هم آشکار کرده هستهٔ مرکزی وجودشان را با هم به اشتراک می‌گذارند.

در طول تاریخ می‌توان به اشخاص بسیاری اشاره کرد که علی‌رغم ناتوانی‌های بسیار و بیماری‌ها و معلولیت‌های عدیده‌شان، تسلیم محدودیت‌ها و آنچه ژن‌های‌شان برای‌شان رقم زده بودند، نشدند، و برای تحقق آرزوها و اهداف‌شان جدوجهد کردند و به آنها جامهٔ عمل پوشاندند. هلن کلر، استیون هاوکینگ دو نمونهٔ بارز از چنین اشخاصی هستند؛ یا موسیقی‌دان معروف، لودویگ فان بتهوون هیچ‌گاه تسلیم این واقعیت دردناک نشد که چون قرار بود به‌زودی ناشنوا بشود، موسیقی را کنار بگذارد. او برخی از مهمترین آثارش همچون سمفونی نهم را در شرایط ناشنوایی کامل تصنیف کرد. روانشناس معروف، آلفرد آدلر، در نظریهٔ شخصیت خود به

این موضوع اشاره می‌کند که بسیاری از انسان‌های موفق و خلاق به‌دلیل معلولیت‌ها و محدودیت‌هایی که از آنها رنج می‌برند و برای جبران آنها، در قلمروهای مختلف موفقیت‌هایی کسب کرده‌اند که شاید بدون این معلولیت‌ها، هیچ‌گاه به آنها دست نمی‌یافتند. در نظریهٔ او، عقدهٔ حقارتِ ناشی از معلولیت‌های مختلف و تلاش جدی برای جبران این حقارت، نقش مهمی در تفسیر بسیاری از رفتارهای انسان دارد.

یکی از جملات درخشان فیلم، که به‌شکلی نیز پیام اصلی فیلم را بیان می‌کند، این جملهٔ وینسنت است: «روح انسان را نمی‌توان بر اساس ژن تعریف کرد.» در پایان فیلم نیز، در حالی‌که او سوار بر موشک در حال ترک زمین و سفر به فضای لایتناهی است چنین می‌گوید: «می‌گویند هر اتمی در بدن ما قبلاً بخشی از یک ستاره بوده. شاید من نباید کرهٔ زمین را ترک کنم و باید بر همین کره بمانم.» به‌عبارت دیگر، او برای رازگشایی از سیارات و ستارگان از زمین دور می‌شود در حالی‌که در درون انسان و روحش بسا رازهای ناگشوده‌ای وجود دارند که باید پرده از آنها برداشته شود.

فیلم سناریویی هوشمندانه و خط داستانیِ جذابی دارد. اگرچه فیلم در ژانر سینمای علمی-تخیلی ساخته شده است، لیکن می‌توان آن را در ژانر پلیسی-جنایی هم قرار داد و تعلیق، نقش مهمی در آن دارد. کارگردان از رنگ‌هایی سرد و مرده استفاده می‌کند که یادآور رنگ‌های سرد و مردهٔ فیلم «اودیسه ۲۰۰۱» استنلی کوبریک است و فضای حاکم بر جامعهٔ بی‌رحم و تمامیت‌خواه را به‌خوبی نشان می‌دهد. چهرهٔ انسان‌ها در بیشتر مواقع صورتک‌هایی بی‌احساس است که خبری از درون‌شان به ما نمی‌دهد. فیلم با بودجه‌ای اندک ساخته شده است و اکثر لوکیشن‌ها ساختمان‌هایی معمولی هستند که سعی شده است با ایجاد حداقل تغییر در آنها فضایی مربوط به آینده ایجاد شود. از جلوه‌های ویژه نیز که وجهٔ مشخصهٔ بسیاری از فیلم‌های ژانر علمی-تخیلی است، تقریباً اثری در این فیلم نیست.

موسیقی فیلم که اثر مایکل نیمان است در بخش‌هایی از فیلم نقش مهمی در ایجاد فضاهای مورد نظر کارگردان دارد. بازیگران فیلم و خصوصاً ایثن هاک و جود لاو بازی درخشانی ارائه می‌کنند و اضطراب‌ها، ترس‌ها، تلاطم‌های روحی، ناامیدی‌ها و آرزوهای شخصیت‌ها را به‌خوبی نمایش می‌دهند.

فیلم‌هایی که در ژانر علمی-تخیلی ساخته می‌شوند، معمولاً با گذشت زمان جذابیت خود را از دست می‌دهند، زیرا پیشرفت‌های تکنولوژیک در سینما و استفاده از روش‌های جدید در ایجاد جلوه‌های ویژه باعث می‌شوند این فیلم‌ها به‌سرعت قدیمی شوند، اما از دیدن فیلم «گاتاکا» با گذشت تقریباً سه دهه از ساخته‌شدنش هنوز می‌توان لذت برد، و درون‌مایه‌های عمیق و تأمل‌برانگیزش آن را به فیلمی ماندگار و به‌یادماندنی تبدیل کرده است.

تنها و تاریک

نام اثر: پرویز
کارگردان: مجید برزگر
سال ساخت: ۱۳۹۱
نویسنده: مجید برزگر، حامد رجبی
بازیگران: لِوُن هفتوان، محمود بهروزیان، حمیرا نونهالی، علی رامز، مهدی شیردل

(به یاد دوست قدیمی‌ام، لِوُن هفتوان)

«پرویز» فیلمی تأمل‌برانگیز است. برخلاف برخی فیلم‌های اجتماعی که با نگاهی کلیشه‌ای آسیب‌های اجتماعی را به تصویر

می‌کشند، «پرویز» در عین غافل‌نشدن از تأثیر عوامل اجتماعی در بزهکاری و آسیب‌های اجتماعی، سعی می‌کند ابعاد روانشناختی این آسیب‌ها را به تصویر کشد. داستان فیلم در مورد شخصی به‌نام پرویز است که چیز زیادی از گذشتهٔ او نمی‌دانیم جز آنکه مردی ۵۰ ساله است، در منزل پدرش زندگی می‌کند، شغل خاصی ندارد، ایامش را به بطالت و بی‌هدفی می‌گذراند و مردمان اطرافش او را موجودی بی‌آزار و ترحم‌برانگیز می‌شناسند. او با هیچ‌کس ارتباط خاصی ندارد و رابطهٔ او با پدرش نیز خشک و بی‌روح است. دیالوگ‌هایی که در فیلم با پدرش دارد، پیش‌پاافتاده و کلیشه‌ای است. در منزل آنها خبری از مادر نیست و ظاهراً مادر او درگذشته است و پدر تصمیم می‌گیرد مجدداً ازدواج کند. از اینجا زندگی پرویز کاملاً به‌هم‌می‌ریزد و پدرش به او می‌گوید که منزلی برای او اجاره کرده است و او باید از منزل پدری برود. پرویز از این تصمیم پدر به‌شدت جا می‌خورد و به او اعتراض می‌کند، اما پدرش اهمیتی به واکنش او نمی‌دهد. پس از رفتن پرویز به منزلی که پدرش برایش اجاره کرده و بیغوله‌ای کثیف بیش نیست، پرویز از فضاهای آشنایی که به او هویت و امنیت می‌بخشیدند حذف می‌شود. پس از رفتن او از منزل پدری، مدیریت مجتمعی که او امور پیش‌پاافتادهٔ آن را انجام می‌داد، این وظایف را از او می‌گیرد، به این بهانه که او چون در مجتمع زندگی نمی‌کند، نمی‌تواند این کارها را انجام دهد. همچنین به او گفته می‌شود که دیگر نمی‌تواند رانندهٔ سرویس مدرسهٔ کودکان مجتمع باشد.

پرویز متوجه می‌شود که تمام هویت و ارزش او به‌خاطر بودن در منزل پدر بوده است و با خارج شدن از آنجا، دیگر از نظر اجتماع و اطرافیان ارزشی ندارد. پرویز در فرآیند دردناکی که برایش باورنکردنی است، متوجه می‌شود که موجودی بی‌هویت و بی‌ارزش است و پدر و اطرافیان پدرش، او را عملاً از عرصه‌های مختلف کنار می‌گذارند. در صحنه‌ای دیگر از فیلم، او را در خشک‌شویی‌ای

می‌بینیم که ظاهراً نزدیک مجتمع است و پرویز در انجام کارهای آن به صاحبش کمک می‌کند، اما بعد از این اتفاقات، صاحب این خشک‌شویی، بی‌رحمانه شرایط پرویز را به او یادآوری می‌کند؛ اینکه در ۵۰ سالگی هیچ کار و منزلت اجتماعی مشخصی ندارد، دیگران پشت سرش او را مسخره می‌کنند، و موجودی ترحم‌برانگیز و رقت‌آور است. این ضربات شوک‌آور، پرویز را از شخصیت کودکانه و معصومش به‌در می‌آورد و سیر تحولی در او آغاز می‌شود که سیر انحطاط و هبوط و درغلتیدن به ورطهٔ شرارت و خشونت و رفتارهای ضداجتماعی است.

کودکی در او می‌میرد، و به‌جای آن، هیولایی سربرمی‌آورد. حتی تلاش او برای ایجاد ارتباط با نوجوانی که در همسایگی‌اش زندگی می‌کند، ناکام می‌ماند؛ نوجوانی که با وقاحت و بدون کسب اجازه از او، وارد منزل جدیدش می‌شود، سگش را به آنجا می‌آورد و از پرویز می‌خواهد تا از آن نگهداری کند و خلوت منزل پرویز برای او فقط جایی برای سیگارکشیدن است. در سکانسی، او و پرویز را با هم می‌بینیم که در حال سیگارکشیدن هستند و این تنها نقطهٔ

اشتراک آنها با یکدیگر است. پرویز از او می‌پرسد که چطور بدون اینکه او را بشناسد به منزل او می‌آید و آیا از او نمی‌ترسد؟ اما نوجوان به او می‌گوید که از او نمی‌ترسد. حالت چهرهٔ پرویز و هیکلِ چاق و بدقواره‌اش و چهرهٔ مبهوت و نگاه خالی و گیجش، ظاهراً به اطرافیانش می‌گوید که او موجودی بی‌آزار و رقت‌انگیز است که می‌شود نادیده‌اش گرفت یا تحقیرش کرد. همهٔ این رخدادها، دست به دست هم می‌دهند و منجر به استحالهٔ او می‌شوند، چنان‌که از میانهٔ فیلم، شاهد تحول شخصیت پرویز و آغاز سیر انحطاط و سقوط در او هستیم. او تصمیم می‌گیرد از پدری که عمری او را طرد کرده است و جامعه‌ای که تقریباً او را از همه‌جا حذف کرده است، انتقام بگیرد. در واقع، پرویزی که از نظر اجتماع فاقد هویت است، هویتی برای خود تعریف می‌کند که اجتماع نمی‌تواند آن را نادیده بگیرد و پرویز با درغلتیدن در شرارتی که حد و مرزهای ترسناکش را به‌تدریج کشف می‌کند، خود را به اجتماعی که چنین بی‌رحمانه او را حذف کرده است، تحمیل می‌کند. شرارت و رفتارهای پرویز تلاشی برای ابراز وجود و کسب هویت و گرفتن انتقام از جامعه‌ای است که او را حذف کرده است و پرویز تصمیم دارد نظم ظاهری آن را مختل کند، به آدم‌هایش آسیب بزند و حتی به حذف فیزیکی آنها مبادرت ورزد.

کارگردان فیلم، این سیر تحول تدریجی شخصیت پرویز را به‌زیبایی و به‌شکلی باورپذیر و واقع‌گرایانه به تصویر می‌کشد. او از کودک‌ـمردی منفعل و دست‌وپاچلفتی، به بزهکاری خشن و بی‌رحم تبدیل می‌شود که تهدیدی جدی برای جامعهٔ اطراف است. در جاهایی از فیلم به‌نظر می‌رسد پرویز با دست‌زدن به هر شرارتی، مرزهای وجودی خود را می‌کاود و توانمندی‌هایش را بیشتر کشف می‌کند و وقتی متوجه تأثیری می‌شود که از خود بر جهان اطراف بر جای می‌گذارد، با اعتمادبه‌نَفْس بیشتری به اعمال شرورانه دست می‌زند. گویی پرویز به این نتیجه رسیده است که «شرارت می‌کنم،

پس هستم». ابتدا او سگ و گربه‌های مجتمع را مسموم می‌کند و سپس دست به اقدامات دیگری می‌زند چون دزدیدن کودکی در کالسکه و سپس رهاکردنش در خیابان، خراب کردن وجههٔ پدرش در نظر همسر دومش، و سرانجام نیز دست به قتل می‌آلاید. فرآیند سقوط او بی‌شباهت به فرآیندی نیست که قهرمان رمان «بیگانهٔ» آلبر کامو، که مورسو نام دارد، طی می‌کند. او نیز نسبت به آنچه انجام می‌دهد، احساس گناه نمی‌کند و در پرویز نیز، هیچ اثری از احساس گناه در مورد رفتارهای شرارت‌بارش دیده نمی‌شود. تنها جایی که شاید دست او در ارتکاب جنایت می‌لرزد زمانی است که سعی می‌کند کودکی را که دزدیده است خفه کند، که در نهایت از انجام این کار منصرف می‌شود و کودک را در خیابان رها می‌کند.

شخصیت او همچنین ما را به یاد شخصیت فیلم «جوکر» (۲۰۱۹)، ساختهٔ تاد فیلیپس می‌اندازد. او نیز که در ابتدای فیلم شخصیت بی‌آزار و آرامی دارد، به‌خاطر رفتارهای خشن و تحقیرآمیز جامعهٔ

اطرافش، تبدیل به شخصیتی مخوف و وحشتناک می‌شود که با خونسردی، از جامعهٔ اطراف انتقام می‌گیرد.

شخصیت پرویز بیانگر این حقیقت است که طردشدگی شدید انسان‌ها و نادیده‌گرفته‌شدن‌شان می‌تواند منجر به رفتارهای جبرانی بیمارگونه‌ای شود که به فروپاشی اخلاقی فرد بینجامد. پرویز انسانی‌ست که به آدم‌ها به بدترین شکل ممکن یادآوری می‌کند که برای نادیده‌گرفتن او باید بهای سنگینی بپردازند. داستان پرویز روایت زندگی بسیاری از بزهکاران و قاتلان زنجیره‌ای است. پرویز شرح روایت انسانی است که تبدیل به ماشین انتقام می‌شود، انسانی که سال‌ها تحقیر و تمسخر و طردشدگی را تحمل می‌کند، اما زمانی می‌رسد که همهٔ این تحقیرها و طردشدگی‌ها را با انتقامی سخت پاسخ می‌دهد. زندگی پرویز شرح لجبازی‌های کودکی نادیده‌گرفته‌شده است که با شرارتی خوفناک، آرامش بزرگ‌ترها را از آنها می‌گیرد.

به نظر من نقطهٔ اوج فیلم سکانس پایانی آن است، زمانی که پرویز پس از کشتن صاحب خشکشویی، با پوشیدن کت و شلواری

شیک به منزل پدرش می‌رود. از بدو ورود به منزل پدر، رفتاری زننده و توهین‌آمیز با پدر و همسر پدرش دارد و با درشتی با آنها سخن می‌گوید یعنی رفتاری که پدرش را متعجب می‌کند و بیشتر از آن، او را می‌ترساند. هنگام خوردن شام، او بر صندلی‌ای نشسته که در سکانس‌های قبلی، پدرش بر آن می‌نشست و با پرویز با تحکم سخن می‌گفت اما در این سکانس این پرویز است که تکیه بر صندلی پدر داده است و با لحنی تهدیدآمیز و بی‌ادبانه با پدر و همسرش سخن می‌گوید. در پایان، آنها را مجبور می‌کند که بر کاناپه بنشینند و پدرش که آشکارا وحشت‌زده است، از او اطاعت می‌کند. در آخرین نمای فیلم، او به پدرش می‌گوید: «تو می‌گی یا من بگم؟ من بگم...»

در واقع، پرویز در تمام عمرش تشنهٔ داشتن دیالوگی جدی و بامعنا با پدرش بوده است که هیچ‌گاه میسر نشده است. او همیشه نادیده گرفته شده و ارزش این را نداشته است که پدرش با او سخن بگوید. اما او اکنون در شرایطی است که پدرش را مجبور می‌کند با او سخن بگوید. فیلم در همین‌جا به پایان می‌رسد و حتی این شائبه در ذهن بیننده به‌وجود می‌آید که گویی پرویز می‌خواهد در مورد رازی سخن بگوید یا شاید پدرش باید رازی را به او می‌گفته که از گفتنش تاکنون خودداری کرده است و فیلم با این تعلیق پایان می‌یابد. اما به یک معنا، پرویز با قدرت و اعتمادبه‌نَفْسی که شرارت به او بخشیده است، پدرش را مجبور می‌کند با او سخن بگوید.

«پرویز» همچنین روایت وضعیت انسان سقوط‌کرده و نیز شرارتی است که می‌تواند فرد و دیگران را نابود کند. «پرویز» همچنین بیانگر نیاز عمیق انسان به رابطه و تأیید است. «پرویز» فیلمی تأمل‌برانگیز است که نشان می‌دهد در بطن کودک معصومی که در هر انسان وجود دارد، هیولایی کنترل‌ناپذیر می‌تواند سربرآرد. نگاه کارگردان «پرویز» به پدیدهٔ بزهکاری و شرارت و جنایت، نگاهی عمدتاً روانشناختی و البته واجد ابعاد اجتماعی و اساساً متفاوت

در باب ریشه‌شناسیِ این پدیده‌هاست. پرویز در خانواده‌ای فقیر و در محیطی بزه‌پرور پرورش نیافته و بزرگ نمی‌شود. او در شهرک «آتی ساز» در غرب تهران زندگی می‌کند و وضعیت مالی پدرش هم بد نیست. اگرچه شکی نیست که دلیل و خاستگاه بسیاری از بزهکاری‌ها و رفتارهای ضداجتماعی عوامل اقتصادی و اجتماعی هستند، لیکن در این فیلم شاهد این هستیم که شکل‌گیری رفتارهای ضداجتماعی در پرویز، بر اساس تحلیلی روانشناختی و بر اساس رفتار پدر و اطرافیانش تبیین می‌شود تا عواملی صرفاً اجتماعی و اقتصادی. از این لحاظ این فیلم، قابل‌تأمل است. بی‌تردید فیلم‌هایی چون «ابد و یک روز» و «مغزهای کوچک زنگ‌زده» یا «کوچهٔ بی‌نام»، که نگاه آسیب‌شناسانه‌شان به جامعهٔ ایران مبتنی بر عوامل اجتماعی و اقتصادی و محیطی است، در جای خود ارزشمندند، اما امتیاز خاص فیلم «پرویز» نگاه متفاوت آن است که از زاویه‌ای متفاوت به تحلیل رفتار انسان ایرانی می‌پردازد.

از دیگر ارزش‌های این فیلم، بازی تحسین‌برانگیز زنده یاد لِوُن هفتوان، بازیگر اصلی فیلم است که نقش «پرویز» را ایفا می‌کند. چهرهٔ سرد و بی‌روح پرویز در طول تمام فیلم تغییر نمی‌کند اما معصومیت کودکانه‌ای که در ابتدای فیلم در چهرهٔ او بود و نیز در صدای او حس می‌شد، با گذشت فیلم جای خود را به خباثتی نامحسوس در بازی لِوُن هفتوان می‌دهد و او با مهارت، روند تحول شخصیت پرویز را در طول فیلم، با بازی استادانهٔ خود به نمایش می‌گذارد.

کارگردان فیلم، مجید برزگر، که جز «پرویز» چند فیلم دیگر نیز چون «فصل باران‌های موسمی» (۱۳۸۸)، «یک شهروند کاملاً معمولی» (۱۳۹۳)، و «ابر بارانش گرفته» (۱۳۹۸) را ساخته است، فیلمسازی صاحب اندیشه در سینمای ایران است که کاش بیشتر فیلم بسازد. او زبان سینما را خوب می‌شناسد و بیشتر از آنکه به دنبال جذب مخاطب باشد، به دنبال بیان دلمشغولی‌های

خود با سبک سینمایی خاص خودش است. فضایی که برزگر در فیلم «پرویز» می‌آفریند کاملاً با شخصیت پرویز همخوانی دارد و همهٔ عناصر فیلم در همخوانی با یکدیگر در ایجاد فضایی که مدنظر کارگردان است، عمل می‌کنند. بیشتر فضاهای فیلم خفقان‌آور و بسته‌اند و از رنگ‌های آبی تیره و قهوه‌ای بیشتر استفاده شده است. استفاده از دوربین دستی در بسیاری از نماها، فضای خاصی به فیلم می‌دهد. حرکت دوربین در کل فیلم مثل پرویز کند است و کارگردان از برداشت‌هایی طولانی استفاده می‌کند که به‌خوبی ملال و زندگی یکنواخت پرویز را نشان می‌دهد. فضای آشفتهٔ خانهٔ قدیمی‌ای که گویی در حال فروریختن است و پرویز مجبور به زندگی در آن می‌شود، به‌خوبی نمایانگر درون آشفته و در حال متلاشی‌شدن پرویز است.

در اطراف ما نیز پرویزهایی هستند که به‌راحتی آنها را نادیده می‌گیریم و به دلایل مختلف از عرصه‌های زندگی کنار گذاشته می‌شوند؛ انسان‌هایی که تشنهٔ ارتباط، تأیید و پذیرفته‌شدن در میان ما هستند. گاه آن‌قدر مشغول خود، خانواده و گرفتاری‌های خود

هستیم که آنها را نمی‌بینیم و از کنارشان به‌راحتی می‌گذریم. در پایان، مطلب خود را با بخشی از شعر «ای آدم‌ها»ی نیما یوشیج به پایان می‌بریم که خطاب به کسانی است که خوشبختند و شادکام و در اطراف‌شان کسانی نیازمند توجه آنها هستند:

ای آدم‌ها که بر ساحل نشسته، شاد و خندانید
یک نفر در آب دارد می‌سپارد جان
یک نفر دارد دست و پای دائم می‌زند
روی این دریای تند و تیره و سنگین که می‌دانید
آن زمان که مست هستید
از خیال دست یابیدن به دشمن
آن زمان که پیش خود بیهوده پندارید
که گرفتستید دست ناتوانی را
تا توانایی بهتر را پدید آرید
آن زمان که تنگ می‌بندید
بر کمرهاتان کمربند
در چه هنگامی بگویم من؟
یک نفر در آب دارد می‌کند بیهوده جان قربان...
نیما یوشیج

در ستایش دیوانگی

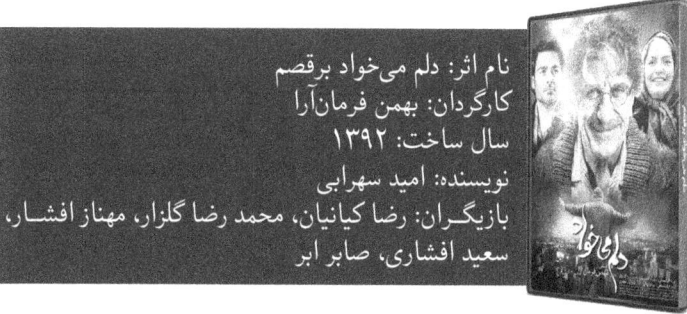

نام اثر: دلم می‌خواد برقصم
کارگردان: بهمن فرمان‌آرا
سال ساخت: ۱۳۹۲
نویسنده: امید سهرابی
بازیگران: رضا کیانیان، محمد رضا گلزار، مهناز افشار، سعید افشاری، صابر ابر

ناصرالدیـن شـاه علاقـهٔ خاصی به دلقکانی داشـت که بخشـی جدایی‌ناپذیـر از دربـار او بودند. این دلقـکان لودگانی بذله‌گو بودند

که گاه رفتارهای خلاف عرف و ادب‌شان به دیوانگی پهلو می‌زد و در قالب لطیفه و کنایه و بذله‌گویی و نمایش، حقایقی را که کسی جرئت بیان‌شان را در حضور شاه نداشت، در حضور همه بیان می‌کردند و یا در قالب نمایش و شعرخوانی و هجو، به تمسخر اطرافیان شاه پرداخته و فساد درباریان را علنی می‌کردند. شاه نیز از نیش و کنایات آنها در امان نبود و حقایقی که کسی جرئت بازگو کردن‌شان را نداشت، این دلقکان در قالب بذله و شوخی به شاه می‌فهماندند. شاه نیز اگرچه متوجه نیش و کنایات آنها می‌شد، آنها به‌گونه‌ای در قالب طنز و شوخی حقایق را به شاه می‌نمایاندند که همزمان شأن ملوکانه نیز خدشه‌دار نمی‌شد. زمانی نیز که اعتراضات درباریان و نزدیکان شاه، در واکنش به جسارت و گستاخی آنها، که گاه به مرزهای وقاحت نزدیک می‌شد به اوج می‌رسید، آنها خود را به دیوانگی می‌زدند و در قالب عقل‌باختگانی ترحم‌برانگیز ظاهر می‌شدند. ظاهر نیمه‌دیوانهٔ آنها حاشیهٔ امنی برای‌شان به‌وجود می‌آورد تا حقایق ناخوشایندی را که همه از آنها آگاه بودند، اما کسی جرئت بیان‌شان را نداشت، بدون واهمه و بیم از مجازات به زبان آورند و شاه و درباریان را تا حدی متوجه وخامت اوضاع و شرایط نابه‌سامان کشور سازند. از میان این دلقکان نام کریم شیره‌ای، حبیب دیوانه، حاجی کربلایی، اسماعیل بزاز و شیخ شیپور در تاریخ بر جای مانده است و از این میان از شوخی‌ها و بذله‌های کریم شیره‌ای تکه‌هایی به فرهنگ عامه و خاطرهٔ مردم کوچه و بازار راه یافته است.

البته دلقکان تاریخچه‌ای طولانی در تاریخ ایران‌زمین داشته‌اند و روایاتی در مورد حضور آنها در دربار ساسانیان نیز وجود دارد. اما در دورهٔ غزنویان اشارات متعددی به حضور آنها در دربار پادشاهان غزنوی آمده، خصوصاً دلقک مشهور سلطان محمود غزنوی که نامش «تلخک» بود بعدها شهرت بسیار یافت و برخی نام او را ریشهٔ واژه دلقک در زبان فارسی می‌دانند.

عملکرد دلقکان فقط به دربار محدود نمی‌شد و اشاراتی تاریخی از حضور دلقکان در شهرها و معابر عمومی وجود دارد و شاردن در سفرنامهٔ مشهور خود که در قرن هفدهم و در دورهٔ حاکمیت صفویان نوشته است، به وجود جمع دلقکان در شهر تبریز اشاره می‌کند که برای مردم نمایش اجرا می‌کردند. این دلقکان گمنام نیز با توسل به طنز و شوخی و کنایه و لودگی، به زبان مردم محرومی تبدیل می‌شدند که ابزار دیگری برای بیان ظلم و ستم‌هایی که بر آنها می‌رفت، نداشتند. هرگاه نیز که حاکمان بیان حقایق را از سوی آنها بر نمی‌تابیدند، آنها در نقش نیمه‌دیوانگان مجنون بیشتر فرو می‌رفتند تا از گزند مجازات صاحب‌منصبان محفوظ بمانند.

شخصیت نیمه‌دیوانهٔ دیگری در فرهنگ و ادبیات ایران و خاورمیانه که حقیقت‌گویی و زبان تند او در انتقاد از نظم موجود و پدیده‌های مذموم عصرش در قالب طنز و کنایه و هجو، او را به شخصیت محبوب و ماندگاری تبدیل کرده است، ملانصرالدین است.

روایات متعدد در مورد بذله‌گویی‌های او و قرن‌ها قدمت دارند و نیش و کنایه‌های او حتی شامل مذمت تیمور لنگ و اعمال وحشیانه او می‌شود.

یکی دیگر از این شخصیت‌های نیمه‌مجنونِ مشهور در تاریخ و ادبیات ایران و خاورمیانه، بهلول دیوانه یا بهلول داناست. او نیز فردی است که به دیوانگی شهره است، اما سخنانی به زبان می‌راند که فرزانگان و عاقلان را جرئت بیان‌شان نیست و با زبان تیز آمیخته به طنزش قدرتمداران زورگو را زیر سؤال می‌برد و یا بسیاری از عادات و سنن و قالب‌های فرهنگی عصر خود را به سخره می‌گیرد. روایات بسیاری در مورد کنایات او و در مورد هارون‌الرشید و دستگاه حکومتی‌اش بر جای مانده است، اما نکتهٔ جالب این است که او واقعیت‌هایی را به هارون‌الرشید می‌گوید که اگر بر زبان فرد دیگری جاری می‌شد، قطعاً جانش را از دست می‌داد. وجود دو لقب متضاد بهلول دیوانه و بهلول دانا برای او، خود بیانگر وجود دو حقیقت متعارض در مورد اوست. در اینجا سخن از دیوانه‌ای است که حقیقت را می‌گوید یا به عبارت دیگر، حقایق را از پس نقاب دیوانه‌ای شوریده‌حال می‌گوید؛ او به هیئت مجنون عقل‌باخته‌ای ظاهر می‌شود که مردم به‌جدش نمی‌گیرند و گفتار پریشان و هذیان‌آلودش را تمسخر می‌کنند؛ لیکن فرزانگان و سخن‌سنجان، در این گفتار پریشان و هذیان‌آلود نکته‌ها می‌بینند.

و گاه جنون خود نقابی است که دانشی مقدر و بیش از حد مسلم را می‌پوشاند.
نیچه، *فراسوی نیک و بد*

در تفکر نیچه دیوانه و دیوانگی مفهومی کلیدی و آشناست. در کتاب *دانش شاد* با تمثیل معروف دیوانه‌ای که فانوس به دست در روز روشن مرگ خدا را اعلام می‌دارد روبه‌رو هستیم، دیوانه‌ای که ابتدا با فریاد خود، اینکه «من خدا را می‌جویم»، و با فانوسی که در

روز روشن به دست دارد تمسخر و استهزای حاضران را برمی‌انگیزد، اما زمانی که خبر مرگ خدا را اعلام می‌کند و دلالت‌های هولناک آن را اعلام می‌دارد، که حکایت از آغاز عصری نو دارد، شنوندگانش سکوت می‌کنند و با شگفتی او را می‌نگرند. او فریاد برمی‌آورد: «من زود آمده‌ام... زمان من هنوز فرا نرسیده است. این واقعهٔ عظیم هنوز در راه است.» هولناکی خبری که اعلام می‌دارد و تازگی و فهم‌ناپذیری پیغامش که پیشاپیش از ظهور نیهیلیسم خبر می‌دهد، شنوندگانش را می‌ترساند و دیوانه در نظرشان به مقام فرزانه‌ای ژرف‌بین تبدیل می‌شود.

نیچه در کتاب سپیده دم می‌گوید که هر جا جنون هست ذره‌ای هم نبوغ و فرزانگی و چیزی الهی هست و از افلاطون نقل‌قول می‌کند که بزرگ‌ترین نیکی‌ها در یونان به مدد جنون گسترش یافته است. در آثار او همچنین به مفهوم نقاب و نقاب‌گذاشتن و نیز به ضرورت و منزلت و فضیلت نقاب‌ها اشارات بسیاری شده است. در جمله‌ای که در سطور بالا از نیچه نقل شده، جنون نقابی است که دانشی مقدر را می‌پوشاند و نه تمهید، بلکه ضرورتی است ناگزیر

که بدون آن نمی‌توان دانشـــی را که دیگران تاب تحمل‌اش را ندارند پنهان کرد. دیوانه و مجنون، فرزانهٔ روشن‌بینی است که نقاب جنون می‌زند تا حقایقی را بازگوید که شـــنیدن آنها برای انســان‌ها دشــوار است.

فیلم «دلم می‌خواد برقصم» آخرین ســاختهٔ کارگردان نام‌آشــنای ایرانی بهمن فرمان‌آرا است که آثار موفقی چون «شازده احتجاب»، «ســایه‌های بلند باد»، «بـوی کافور، عطر یـاس» و «خانه‌ای روی آب» را در کارنامــه ســینمایی‌اش دارد و کارگردانی صاحب ســبک اســت که بســیاری او را ســینماگر مؤلف می‌داننــد. در این فیلم او به زندگی نویســندهٔ پا به ســن گذاشــته‌ای می‌پردازد که گویی چشمهٔ خلاقیتش خشــکیده و نمی‌تواند به آفرینش ادبی‌اش ادامه دهد. هر روز کــه بــه منــزل برمی‌گردد پیغام‌گیر تلفن، خبر از مرگ دوســتی می‌دهــد و گویی اطرافیان و همســالانش یک به یک جهان را ترک می‌کنند و او تنهاتر می‌شود. او همسرش را از دست داده و در طول فیلم متوجه می‌شــویم پسری دارد که معتاد است و در آستانهٔ جدایی

از همسرش قرار دارد. واقعیت‌های جامعهٔ اطراف، او را نیز دچار افسردگی کرده و او در تلاش برای بیرون‌آمدن از افسردگی است. در ابتدای فیلم اشخاصی را می‌بینیم که در مطب روانپزشک، درمانده و مستأصل مشکلات‌شان را بیان می‌کنند و شاهد واکنش‌های خونسرد روانپزشکی هستیم که گویی با جملات کوتاهش به آنها می‌خواهد بفهماند چاره‌ای نیست و با وضعیت دشوارشان باید بسازند. شخصیت اصلی فیلم که نویسنده‌ای به‌نام آقای بهرام فرزانه است (و نقش او را بازیگر توانای سینمای ایران رضا کیانیان بازی می‌کند) کلافه از ناتوانی در نوشتن، با بی‌تفاوتی و استیصال، گذران عمر می‌کند تا اینکه در صحنه‌ای از فیلم، دختری دست‌فروش در خیابان، یک سی‌دی موسیقی به او می‌دهد. در صحنه‌ای دیگر او با اتومبیلش در خیابان تصادف می‌کند و ظاهراً دچار ضربهٔ شدیدی می‌شود، اما وقتی به خود می‌آید متوجه می‌شود که نه به خودش و نه به اتومبیلش آسیب جدی وارد نشده است. اما پس از این تصادف، او در سرش آوای مفرّح و طربناکی می‌شنود که قبلاً آن را در سی‌دی دخترک دست‌فروش، شنیده بود. این موسیقی طربناک، مرتب در ذهن او تکرار می‌شود و حضور این موسیقی چنان برای او واقعی و ملموس است که فکر می‌کند دیگران نیز آن را می‌شنوند، اما ظاهراً چنین نیست. در واقع، پس از صحنهٔ تصادف آقای بهرام فرزانه، فیلم وارد فضایی سوررئال می‌شود که در آن فاصلهٔ دنیای واقعی با تصورات آقای فرزانه مخدوش است و بینندهٔ فیلم نمی‌تواند تشخیص دهد که آیا صحنه‌هایی که می‌بیند برساخته‌های ذهنی و تصورات و توهمات آقای فرزانه است یا واقعیت‌های جهان خارج. نکتهٔ جالب در مورد این آوای موسیقی این است که آقای فرزانه پس از شنیدن این موسیقی طربناک و مفرح نمی‌تواند خود را کنترل کند و در موقعیت‌های مختلف شروع به رقصیدن می‌کند و این امر به‌تدریج باعث می‌شود دیگران به او به چشم دیوانه‌ای بنگرند که اگرچه بی آزار است، رفتار عجیبش

قابل توضیح نیست. در ادامهٔ داستان نگاه او به‌تدریج نسبت به زندگی تغییر می‌کند و او به‌شدت متعجب است که انسان‌ها چرا به‌شدت غمگین و افسرده‌اند و چرا شیوه‌ای از زندگی را در پیش گرفته‌اند که به بدبختی و مصیبت بیشتر می‌انجامد. در صحنه‌ای از فیلم که او بر پشت بام منزلش، فارغ از زمین و زمان، شورمندانه می‌رقصد و همه نگران افتادن او از لب بام هستند، پسر معتادش به او گوشزد می‌کند که دیوانه است و او به پسرش پاسخ می‌هد من دیوانه‌ام یا شما؟ پاسخ او به یک معنا منطقی است. پسرش غرق اعتیاد است و می‌خواهد از همسرش جدا شود، اما متوجه وضعیت هولناکش نیست، در حالی‌که او آزارش به کسی نمی‌رسد و خوشحال و سرخوش می‌رقصد و از زندگی لذت می‌برد. در نهایت هم آقای فرزانه را با آمبولانس به آسایشگاه روانی می‌برند و در آنجا بستری می‌شود.

به یک معنا تمام داستان فیلم حول رقص آقای فرزانه می‌گردد. اما رقص او چه معنایی دارد؟ آیا او مجنونی عقل‌باخته است که از شدت استیصال و انباشته‌شدن بار مشکلات زندگی، به آستانهٔ جنون رسیده است یا فرزانه‌ای وارسته است که رقص او چون سَماعی خودانگیخته، اشاره به افق‌های معنایی تازه دارد؟ به این پرسش از زوایای گوناگون می‌توان نگریست و پاسخ‌های گوناگون، هرچند فاقد قطعیت، به آن می‌توان داد. (مگر جز این است که اثر هنری اصیل، چندلایه و قابل‌تأویل از چشم‌اندازهای مختلف است و با توجه به افق فکری و شرایط تاریخی و فرهنگی مخاطب، سطوح معنایی گوناگونی در آن می‌تواند به‌ظهور رسد؟) به یک معنا، رقص آقای فرزانه رقص زندگی است، رقص بزرگداشت زندگی است، کشف شور و نشاط و وجدی است که در هر انسان زنده‌ای وجود دارد و فقط باید آوایی ریتمیک و مفرّح، چون جرقه‌ای آن را شعله‌ور سازد. رقص آقای فرزامه اعتراضی نیرومند و اغماض‌ناپذیر نسبت به زوال و خمودگی و غم و اندوه و سکونی است که در

اطرافش وجود دارد. فریاد اوست که می‌خواهد زنده بماند و زندگی کند و بنویسد و بیافریند و دعوت او از دیگران در جای جای فیلم که با او برقصند، دعوت به زندگی‌کردن شورمندانه و عاشقانه است.

در سکانس‌های بسیاری از فیلم اشارات متعددی به زنان باردار شده و دوربین فرمان‌آرا بر روی شکم‌های برآمدهٔ زنان باردار تأکید خاصی دارد. در بطنِ مرگ و نیستی و افسردگی و نیروهای ضدزندگی که در اطراف آقای فرزانه موج می‌زنند، زندگی کماکان جاری است و رقص آقای فرزانه و شکم برآمدهٔ زنان باردار یک حقیقت واحد را خاطرنشان می‌سازند. در صحنهٔ دیگری از فیلم، آقای فرزانه با دیدن عروس باردارش به‌شدت هیجان‌زده می‌شود و با ترنم موسیقی طربناک تکرارشونده در فیلم، به اطرافیانش می‌گوید آیا متوجه رقص جنین در شکم مادر نیستید؟

نوزادانی نیز که قدم به این جهان می‌گذارند نماد زندگی محسوب می‌شوند که اشتیاق رقصیدن در آنها از بدو تولد می‌شکفد. در سکانس پایانی فیلم، اطاق نوزادان را در بیمارستان می‌بینیم که نوزادان بسیاری در آن خوابیده‌اند. این نوزادان به آرامی، یک دست خود را بلند می‌کنند تا رقص زندگی را شروع کنند. اما این نماد زندگی و نیز نماد معصومیت و لطافت در فیلم، به‌عنوان ابزاری برای ایجاد حاشیهٔ امن برای زنی تبدیل می‌شود که در حال تن‌فروشی است. در صحنه‌ای دیگر از فیلم با زن تن‌فروشی روبه‌رو می‌شویم که در خیابان به دنبال مشتری می‌گردد و ظاهراً نوزادی قنداقی را در بغل دارد که برای او حاشیهٔ امنی به‌وجود می‌آورد تا به فعالیت مجرمانه‌اش بپردازد. اما بعد متوجه می‌شویم نوزادی در کار نیست و نوزادی در قنداق نیست. این زن قاعدتاً باید حامل زندگی باشد که قنداقِ نوزاد نمادی از آن است، اما در واقع، تظاهر به حمل نوزاد، فریبی مزورانه برای انجام عملی غیراخلاقی است.

لااقل در دو فیلم بهمن فرمان‌آرا یعنی فیلم‌های «خانه‌ای روی آب» و «بوی کافور، عطر یاس» موضوع مرگ و مرگ‌اندیشی

و گریزناپذیربودن آن، درون‌مایه و موضوع اصلی است و دغدغهٔ اصلی این فیلمساز محسوب می‌شود، اما در آخرین اثر او، این زندگی است که به درون‌مایهٔ اصلی و دغدغهٔ محوری فیلمساز تبدیل می‌شود و فرمان‌آرا رقص را به نمادی برای تجسم و تجلی زندگی در محیطی که در حال از یاد بردن آن است، تبدیل می‌کند. اما شور رقص و خودانگیختگی‌اش در آقای فرزانه، برای جامعهٔ اسیرِ حرمان و یأس و خمودگی که گویی گرد مرگ را بر آن پاشیده‌اند، چنان عجیب است که همه به او چون دیوانه می‌نگرند. اما مشکل اصلی رقصیدن آقای فرزانه، نه در رقصیدنش، بلکه در کنترل‌ناپذیری و خودانگیختگی آن و اصرار او به اینکه دیگران نیز در این رقص به او ملحق شوند، نهفته است. در صحنه‌ای از فیلم که اشخاص بسیاری ظاهراً ترنم این موسیقی طرب‌انگیز را همچون آقای فرزانه می‌شنوند و همه با هم در رقصی گروهی می‌رقصند، شکوه این رقص زندگی صد چندان می‌شود و آقای فرزانه با دیدن شریک‌شدن دیگران در این رقص پرشور، سر از پا نمی‌شناسد (که البته کمی بعد متوجه می‌شویم این رقص جمعی صرفاً در تخیل آقای فرزانه رخ داده است.)

در نهایت شاهد این هستیم که اطرافیان آقای فرزانه به او چون دیوانه‌ای بی‌آزار می‌نگرند، اما آقای فرزانه به درکی در مورد خود و معنای زندگی دست یافته است که برای دیگران غیر قابل درک است و او پس از پشت سرگذاشتن همهٔ این تجارب است که چشمهٔ خلاقیت ادبی‌اش می‌شکفد و به‌سرعت شروع به نوشتن می‌کند. نام او نیز فرزانه است و او فرزانه‌ای است که موسیقی زندگی و حیات را می‌شنود و در انطباق با ضرباهنگ پرشور آن می‌رقصد. در واقع، با شنیدن موسیقی حیات و زندگی او نمی‌تواند که نرقصد و همین موضوع مشکل اصلی او با محیط اطراف است. او فرزانه‌ای است که قادر به شنیدن موسیقی کیهانی حیات است. اما این فرزانه در چشم دیگران دیوانه می‌نماید. (حتی اسم کوچک او، یعنی بهرام نیز،

ما را به یاد بهرام گور می‌اندازد که کسی است که در ادبیات فارسی اگرچه همه عمر گور می‌گرفت، سـرانجام، گور یا مرگ سراغ او نیز آمـد و او را نیـز از مرگ گریز و گزیری نبـود. اما آقای بهرام فرزانه موسـیقی حیات و زندگی را می‌شـنود و با آن می‌رقصد پس از گور هراسـی ندارد.) فرض دیگری که با دیدن رفتارهای آقای فرزانه در ذهنمان شـکل می‌گیرد این است که نکند او خود را به دیوانگی زده است تا اعتراض خود را بدین‌شکل به گوش جامعه‌ای برساند که در حال از دست دادن شور زندگی و در حال خودکشی تدریجی است؟ آقـای فرزانـه جزو کدام گـروه از فرزانگان اسـت؟ فرزانگانی که به چنان اوجی رسـیده‌اند و چنان از بادهٔ شـراب حقیقت مسـتاند که رفتارشان برای اطرافیان چون دیوانگان است یا فرزانگانی که برای گفتن آنچه در دل دارند دیوانگی پیشـه می‌کنند و نقاب دیوانگی بر خود می‌زنند؟

گویی این ابیات مولانا شرح احوال آقای بهرام فرزانه است:

هرگز کسی نرقصد، تا لطف تو نبیند
کاندر شکم زلطفت، رقص است کودکان را
اندر شکم چه باید، وندر عدم چه باشد
کاندر لحد زنورت، رقص است استخوان را
بر پرده‌های دنیا، بسیار رقص کردیم
چابک شوید یاران، مر رقص آن جهان را

راه‌های فروبسته

نام اثر: مجبوریم
کارگردان: رضا درمیشیان
سال ساخت: ۱۳۹۸
نویسنده و تهیه‌کننده: رضا درمیشیان
بازیگران: فاطمه معتمدآریا، نگار جواهریان، پارسا پیروزفر، پردیس احمدیه، مجتبی پیرزاده و بهمن فرمان‌آر

فیلم «مجبوریم» روایت زندگی سه زن است که دست تقدیر زندگی‌هایشان را به‌گونه‌ای ناگسستنی به هم گره می‌زند. داستان فیلم با صحنه‌هایی تکان‌دهنده از زندگی کارتن‌خواب‌ها و معتادان

جنوب شهر تهران آغاز می‌شود که در گوشه‌وکنار خیابان خوابیده‌اند و هجوم مأموران نیروی انتظامی خواب‌شان را بر هم می‌زند و مجبور به فرارشان می‌کند. صحنه‌های آغازین فیلم از فرط واقع‌گرایانه‌بودن به فیلم مستند می‌ماند و دوربین با تأکید عامدانه بر جزئیات فلاکت تکان‌دهندهٔ انسان‌هایی که بر زمین خوابیده‌اند سعی می‌کند مقدمهٔ تصویریِ بایسته‌ای فراهم سازد از روایتی چندان هولناک و دل‌آزار که از تحمل بیننده خارج است. پیکره‌های معوج، فرسوده، و گویی در حال تلاشیِ کارتن‌خواب‌های مفلوک، انسان را به یاد طرح‌های مشهور هُنریِ مور از جماعت پناه‌گرفته در زیرزمین‌های متروی لندن در طول جنگ جهانی دوم می‌اندازد که ترس از بمباران‌های شبانهٔ نازی‌ها آنها را به راهروهای متروی لندن رانده و در فضاهایی تیره چپانده بود که وحشت از مرگ در گوشه‌گوشه‌شان به چشم می‌خورْد. طرح‌های مور گویی نه انسان‌ها بلکه توده‌هایی درهم‌وبرهم و دفرمه‌شده را به ما می‌نمایاند که گویی فردزدایی شده‌اند و سایهٔ دهشتی شوم آنها را با هم و محیط‌شان ادغام کرده است. اما کارتن‌خواب‌های صحنه‌های آغازین فیلم، نه به‌خاطر ترس از مرگ، بلکه در سایهٔ ترس و تهدیدی دهشتناکتر، بر آسفالت خیابان و پیاده‌رو پراکنده‌اند؛ بر این ترس و تهدید گویی نامی نمی‌توان نهاد، اما هرچه هست، فقر، بی‌تردید، یکی از وجوه نمایان آن است. دوربین از بین این جمع خاکستری و بی‌شکل، بر چهرهٔ دخترکی مفلوک متمرکز می‌شود که روایت زندگی او دستمایهٔ اصلی فیلم می‌شود.

این دختر که گل‌بهار نام دارد و نقش او را پردیس احمدیه به زیبایی ایفا می‌کند، دختر کارتن‌خوابی است که پسر جوانی به نام مجتبی (با نقش‌آفرینی مجتبی پیرزاده) رابطه‌ای بهره‌کشانه با او دارد و او را در اختیار مردان مختلف می‌گذارد تا برای‌شان فرزند بیاورد. در ادامهٔ فیلم می‌بینیم که مجتبی، گل‌بهار را با مردی به نام کریم آشنا می‌کند که با فراهم‌کردن وثیقه برای دادگاه، موجبات آزادی

موقت مجتبی را از زندان فراهم ساخته است و او حالا با قرار دادن گل‌بهار جوان در اختیار او، که متأهل و با مشکل نازایی همسرش درگیر است، می‌خواهد دِینش را به وی ادا کند. پس از گذشت مدتی از رابطهٔ گل‌بهار با این مرد، وقتی او باردار نمی‌شود، مجتبی او را به بیمارستان می‌برد تا علت عدم بارداری‌اش مشخص شود و در نهایت کاشف به عمل می‌آید که گل‌بهار برخلاف میلش مورد عمل توبکتومی (مسدودسازی لوله‌های رَحِم) قرارگرفته است. با پرس‌وجوی بیشتر به این نتیجه می‌رسند که احتمالاً در آخرین عمل جراحی‌ای که گل‌بهار به‌خاطر سقط‌جنین در بیمارستان داشته است، پزشک جراح بدون کسب رضایت از بیمار، به ترتیبی که ذکر شد توانایی فرزندآوری را از او گرفته است. گل‌بهار به‌واسطهٔ مددکاری که از او حمایت می‌کند با وکیلی به نام سارا (با بازیگری هنرمندانهٔ نگار جواهریان) آشنا می‌شود. ادامهٔ داستان فیلم، تلاش‌های سارا برای رمزگشایی از عقیم‌شدن ناخواستهٔ گل‌بهار است که پای یک پزشک زنان به نام مهشید را به میان می‌کشد (با بازی درخشان فاطمه معتمد آریا). پس از ورود دکتر مهشید پندار، کارگردان سعی

می‌کند ما را با شخصیت و زندگی خصوصی او بیشتر آشنا کند و هرچه بیشتر با شخصیت معقول و انسانی او آشنا می‌شویم، از اقدام او بیشتر به شگفت می‌آییم. سارا با شواهدی که جمع‌آوری می‌کند هرچه بیشتر مطمئن می‌شود که دکتر پندار عامل عقیم‌شدن گل‌بهار است اما برای او نیز دلیل این موضوع روشن نیست و فقط در پی احقاق حق دختری مظلوم است که از حق مادرشدن محرومش کرده‌اند. ولی این پروندهٔ حقوقی باعث می‌شود تا سارا، که ظاهراً زندگی آرام و نیمه‌مرفه‌ای دارد، با حقایق اجتماعی تکان‌دهنده‌ای روبه‌رو شود که هضم‌شان برایش دشوار است.

مجتبی، که تمام هم وغمش این است که چرا دیگر نمی‌تواند از گل‌بهار کسب درآمد کند، با سارا درگیر می‌شود. در صحنه‌ای از فیلم هم، او به سراغ دکتر پندار می‌رود و تهدیدش می‌کند، تهدیدی که با توجه به خصوصیات مجتبی توخالی نیست. زندگی هر سه زن در معرض تهدید مردی است که پایبند هیچ اصل اخلاقی‌ای نیست. اما یکی از موضوعات کلیدی فیلم تعارض بین قانون و قانون‌مداری از یک‌سو و قضاوت و تصمیم اخلاقی از سوی دیگر است. رفتار اخلاقی برای سارا، عمل و التزام به قانون و احقاق حق دختریست که بدون اینکه نظرش را بپرسند حق مادرشدن را از او گرفته‌اند. اما در سوی دیگر، رویکرد متفاوت دکتر پندار را می‌بینیم. در نگاه اول عملکرد او در عقیم‌کردن گل‌بهار عملی شنیع و غیراخلاقی است، اما او آن‌قدر در اجتماع فاسد و منحط زندگی کرده و آن‌قدر از نزدیک با رنج‌ها و آلام بی‌پایانش آشنا شده، که برایش محروم‌کردن گل‌بهار از فرزندآوری، به معنای پایان‌دادن به امکان بهره‌کشیِ وحشیانهٔ مجتبی از اوست واز نظر وی این کار عین عمل اخلاقی محسوب می‌شود. او این کار را فقط برای متوقف‌کردن زنجیرهٔ رنج و استثماری انجام داده است که نتیجهٔ محتوم آن روشن است. او در دیالوگی که با سارا دارد و در آن سارا در مورد اهمیت قانون و ضرورت توجه به آن تأکید می‌کند می‌گوید: «آیا قانون درد

را می‌فهمد؟» از این منظر، این فیلم دشواری تصمیمات اخلاقی را در شرایط پیچیده به ما نشان می‌دهد. در سخنان تندی که در بخشی از فیلم بین سارا و پندار رد و بدل می‌شود، سارا می‌گوید که حتی اگر او به‌زعم خودش به گل‌بهار لطف کرده است، اما گل‌بهار انسانی آزاد است که به حکم کرامت انسانی‌اش نمی‌بایست بی‌اذن و اجازه، از حق باروری محروم می‌شد. اما دکتر مهشید گویی به زبان بی زبانی به او می‌خواهد بفهماند که مگر گل‌بهار چقدر در تشخیص خوب و بد خود صلاحیت دارد، که اگر چنین تشخیصی می‌داشت کجا این زندگی را برای خود برمی‌گزید؟ مضافاً اینکه سرنوشت کودک و کودکانی که قرار بود از گل‌بهار به دنیا آیند چه می‌شد؟ گویی دکتر مهشید با عملش، چرخهٔ مخربی را که در کار باززایی فلاکت و تیره‌روزی بوده، متوقف کرده است. اما گرفتن حق انتخاب از انسان‌ها با این توجیه که صلاح خود را نمی‌دانند و ما باید به‌جای آنها تصمیم بگیریم چقدر اخلاقی است؟ به یاد بیاوریم که در جنگ جهانی دوم، نازی‌ها کسانی را که دچار بیماریهای روحی یا عقب‌ماندگی ذهنی بودند عقیم می‌ساختند (و در نهایت نیز بسیاری از آنها را از بین بردند) چون باورشان این بود که دادن حق تصمیم‌گیری به کسانی که به اصطلاح فاقد اهلیت (بلوغ و سلامت فکری لازم) هستند به مشکلاتی می‌انجامد که سرانجام گریبانگیر حاکمان و برنامه‌ریزان می‌شود و به‌زعم نازی‌ها، که پروژهٔ موهوم اصلاح نژادی را دنبال می‌کردند، این اشخاص فقط باعث انحطاط نسل آریایی می‌شدند و بس. عملکرد مهشید از منظری دیگر یادآور عملکرد فراقانونی راسکولنیکوف در رمان «جنایت و مکافات» داستایِفسکی است. راسکولنیکوف پس از استدلال‌هایی طولانی، خود را در مقام و جایگاهی می‌بیند که جان پیرزنِ رباخواری را بگیرد که با رباخواری‌اش خون او و اشخاص مشابه را می‌مکید؛ اما در استدلال‌های عجیبش، برای خود مجوز قتل پیرزن را صادر می‌کند و دست به قتل او می‌آلاید اما در هنگام کشتن پیرزن ناگزیر

از کشتن خواهر معصومش نیز می‌شود. راسکولنیکوف خود را در جایگاهی بالاتر از قانون می‌پندارد و بر همین اساس به خود حق ارتکابِ قتلی را می‌دهد که به اعتقاد او، رهایی‌بخش جامعه از شر وجودِ آفاتِ شپش‌واری است چون پیرزن رباخوار. عملکرد مهشید را می‌توان بر اساس نظریهٔ تحول اخلاقی کوهلبرگ نیز تحلیل کرد. در نظریهٔ تحول تفکر اخلاقی کوهلبرگ، او این دیدگاه را مطرح می‌سازد که انسان‌ها با گذشت زمان به سطوح بالاتری از استدلال اخلاقی گام می‌گذارند و در مراحل بالاتر تفکر اخلاقی، فرد می‌تواند برای رعایت ارزش‌های اخلاقی والاتر و جهانشمول‌تر، برخی قوانین اجتماعی را زیر پا بگذارد. در داستان معروفی که کوهلبرگ برای ارزیابی تحول اخلاقی از آن استفاده می‌کند، مردی که زن او به سرطان مبتلاست، چون پول لازم برای خرید داروی سرطان را ندارد، آن را از داروخانه می‌دزدد. در استدلال اخلاقیِ کودکان و نوجوانان و بزرگسالانی که باید در مورد این عمل اخلاقی قضاوت کنند، کوهلبرگ استدلال کسانی را که دزدی این مرد را از داروخانه برای نجات جان همسرش عمل اخلاقی درستی می‌دانند، از نظر پیچیدگی و تحول سطح استدلال اخلاقی، در مرحلهٔ بالاتری قرار

می‌دهد چون او به‌خاطر نجات جان یک انسان یعنی همسرش، قانون را زیر پا می‌گذارد در حالی که کسانی که از نظر سطح تفکر اخلاقی در مراحل پایین‌تری قرار دارند، اقدام او را در دزدیدن دارو محکوم می‌کنند و آن را عمل نادرستی می‌دانند هر چند که به نجات جان انسانی انجامیده است.

از سوی دیگر سارا را می‌بینیم که صادقانه و با تمام وجود به اخلاقی‌بودن عملکردش به‌عنوان وکیلی وظیفه‌شناس باور دارد و حاضر است برای گرفتن حق گل‌بهار از جان مایه بگذارد. او در دنبال کردن این پرونده نفع مادی ندارد و با درگیرشدن بیشتر در این پرونده متوجه می‌شود که ممکن است هم از سوی مهشید و نظام پزشکی با مشکلاتی روبه‌رو شود و هم از سوی مجتبی. اما او در برابر خود نه با فردی پلید و بدنهاد، که با پزشکی دلسوز روبه‌روست که تجربهٔ زندگی او را به جایی رسانده که تصمیم می‌گیرد با عقیم‌کردن گل‌بهار، از میزان درد و رنج جامعه بکاهد. در صحنه‌های دادگاه، بینندهٔ فیلم احساسات متعارضی ممکن است تجربه کند. از یک‌سو بیننده می‌خواهد سارا به‌عنوان وکیلی وظیفه‌شناس حق گل‌بهار

مظلوم را بگیرد و از سوی دیگر با دکتر مهشید هم احساس همدلی دارد که شبانه روز در حال رسیدگی به بیماران است و شلوغ‌بودن مطبش بیانگر موفقیت و محبوبیت اوست، و حتی بارها اقدام به پرداخت هزینهٔ بیماران بی‌بضاعت می‌کند، و این نکته‌ای است که از نگاه مسئول بیمارستان هم پنهان نمی‌مانَد. در صحنه‌ای دیگر او با محبت به کودکی که به دنیا آورده است نگاه می‌کند و کلماتی عاشقانه به او می‌گوید. با داشتن چنین پیش‌زمینه‌ای از دکتر مهشید، انتساب انگیزه‌های شریرانه به او بسیار دشوار می‌شود.

به یک معنا، سارا به‌عنوان وکیلی وظیفه‌شناس و فداکار اشتباه نمی‌کند اما شاید کلید رمزگشایی از معمایی که با آن روبه‌رو است فقط قانون و حق آزادی انتخاب نیست. این نکته‌ای است که دوست او در پزشکی قانونی (پارسا پیروزفر) و قاضی دادگاه به شکل‌های مختلف سعی در بیان آن دارند، اما او ثابت‌قدمانه در مسیر آنچه تحقق عدالت می‌داند، قدم برمی‌دارد.

در صحنه‌های مختلف فیلم شاهد حُزنی عمیق در نگاه دکتر مهشید هستیم. در این صحنه‌ها، خانم معتمد آریا با نقش‌آفرینی استادانه‌اش، سویهٔ تلخ و تاریک و دردناک اقدامش را به‌نحوی نمایان در چشمان و حالات چهره‌اش منعکس می‌سازد. از این نگاه چنین برمی‌آید که او بنا بر جبر موقعیت، در برابر گزینه‌های «بد» و «بدتر»، ناچار به گزینش بوده است، گزینشی دردناک، و به معنایی ناگزیر، زیرا در وضعیت‌های پیچیدهٔ اجتماعی، در مورد بسیاری از تصمیمات گویی ما «مجبوریم».

البته مخاطبان مختلف فیلم، هریک با توجه به پیش‌زمینه‌های فرهنگی و فکری خود و نظام ارزشی مورد اعتقادشان ممکن است دیدگاه‌های متفاوتی نسبت به این شخصیت‌ها داشته باشند یا همدلی بیشتری با یکی از آنها احساس کنند. اما پایان تلخ فیلم، سرنوشت تلخ هرسه زن را به نمایش می‌گذارد. مجتبی سارا را به نقطه‌ای می‌کشاند، و در مقام تلافی‌جویی، با کارد ضربه‌ای بر او

فـرود می‌آورد. با حضور شـاهدی در دادگاه که هنگام عمل جراحی دکتر مهشـید حضور داشته است، دکتر مهشید در آستانهٔ محکومیت قـرار می‌گیرد، چـون بدون رضایت بیمار او را عقیم کرده اسـت؛ و گل‌بهار که همهٔ داستان حول زندگی و سرنوشت او می‌چرخد، ناتوان از بـاروری، و اینک که دیگـر وجودش فایده‌ای برای مجتبی ندارد، این‌بار نمود دیگری از زنانگی‌اش، یعنی موهایش، را می‌فروشـد و با ظاهری شـبه‌مردانه، زندگی بی‌هدف و بی‌هویتش را در خیابان از سر می‌گیرد، چون ... «مجبور» است.

در فیلم «مجبوریم»، این زنان هسـتند که نقش اصلی را دارند و مردان منفعل‌اند. دوسـت پزشـک سارا، بارها سعی می‌کند سارا را از انجـام کاری کـه دارد انجام می‌دهد منصرف کند و در مواردی هم که او را همراهی می‌کند با اصرار سارا و با بی‌میلی این کار را انجام می‌دهد. وکیل سالمندی هم که سارا در امور وکالت به او اقتدا می‌کند (نقش او را کارگردان نام‌آشـنای سینمای ایران، بهمن فرمان‌آرا ایفا می‌کند)، به سـارا مشـورت می‌دهد اما نگاهی بسیار محافظه‌کارانه به موضوع دارد و در پایان فیلم هم با اصرار فراوان سارا، در مرحلهٔ پایانی دادرسـی به دادگاه می‌رود. افسـر نیروی انتظامی یکی دیگر از مردان منفعل این فیلم اسـت که با وجود آگاهی از واقعیت‌های بسـیار، اقدام مؤثری نمی‌کند. فعال‌ترین و تأثیرگذارترین شخصیت مرد فیلم، مجتبی اسـت که با خونسردی و بی‌وقفه در حال گسترش بدی و شـرات در اطرافش است و کسی جلودارش نیست. اما خود مجتبی هم بدون بهره‌کشـی از گل‌بهار قادر به ادامه زندگی نیست و انگل‌وار از راه همین بهره‌کشیِ حیوانی ارتزاق می‌کند.

فیلـم «مجبوریـم» آخرین سـاختهٔ رضـا دُرمیشـیان و محصول سـال ۱۳۹۸ اسـت. ایـن فیلـم تقریبـاً سـه سـال اجـازهٔ نمایش نداشـت و به‌تازگی امکان نمایش عمومی یافته اسـت. دُرمیشـیان کارگردان فکوری اسـت کـه فیلم‌هایی به‌یادماندنـی چون «بغض»، «عصبانـی نیسـتم» و «لانتوری» را درکارنامهٔ سـینمایی خود دارد.

او در آثارش به مسائل اجتماعی جامعهٔ ایران می‌پردازد و انسان ایرانی را که در جامعه‌ای پرتنش و بحران‌زده با چالش‌های عدیده روبه‌روست، به تصویر می‌کشد. فیلم «مجبوریم» نقبی به حیات اجتماعی طبقات محروم جامعه و کارتن‌خواب‌ها و مطرودین است. دُرمیشیان شناخت عمیقی از شرایط اجتماعی محیط اطرافش دارد و واقعیت‌های دردناک جامعه را با رئالیسمی خشن به تصویر می‌کشد. شخصیت‌های فیلم‌هایش واقعی و باورپذیرند و بیننده به‌سرعت می‌تواند با آنها همذات‌پنداری کند. در فیلم‌های او شاهد نقش‌آفرینی درخشان بازیگران بسیاری هستیم و بازی‌های به‌یادماندنیِ نوید محمدزاده در فیلم‌های «عصبانی نیستم» و «لانتوری» یا بابک حمیدیان و باران کوثری در فیلم «بغض»، از توانمندی این کارگردان در گرفتن بازی‌های خوب از بازیگران حکایت دارد. در فیلم «مجبوریم» نیز می‌توان به بازی درخشان فاطمه معتمد آریا، پردیس احمدیه و مجتبی پیرزاده اشاره کرد. دیگر بازیگران فیلم نیز بازی‌های قابل‌قبولی از خود به نمایش می‌گذارند.

بر کل فیلم دُرمیشیان فضایی خاکستری حاکم است که بیانگر دنیای در حال احتضار و مصیبت‌زده‌ای است که در آن انسان‌ها با انتخاب‌های دشواری روبه‌رویند. از دیگر ارزش‌های این فیلم، فیلمبرداری هنرمندانهٔ آن است. حرکات تند و عصبی دوربین در برخی صحنه‌ها و تأمل عامدانه‌اش بر برخی اشیا، در خدمت انتقال حس اضطرار و خشونتی است که انسان‌ها در آن غوطه‌ورند.

فیلم «مجبوریم» از سنخ فیلم‌هایی است که ارزش‌های هنری و سینمایی بسیارش ما را برمی‌انگیزد که چندبار به دیدن آن بنشینیم اما همزمان نیز از سنخ فیلم‌هایی است که به‌خاطر فضای تلخ و تیره‌اش، میل داریم هرچه زودتر به فراموشی بسپاریمش.

برادران لیلا

نام اثر: برادران لیلا
کارگردان: سعید روستایی
سال ساخت: ۱۴۰۱ محمدی
نویسنده و تهیه‌کننده: سعید روستایی
بازیگران: ترانه علیدوستی، نوید محمد زاده، پیمان معادی، سعید پورصمیمی، فرهاد اصلانی، محمد علی محمدی

فیلم «برادران لیلا»، سومین اثر سینمایی سعید روستایی، پس از دو فیلم به‌یاد ماندنیِ «ابد و یک روز» و «متری شش‌ونیم» به اکران رفت. او کارگردانِ خوش‌فکری است که جای خود را در بین

فیلمسازان مطرح سینمای ایران بازکرده است و حرف‌های بسیاری برای گفتن دارد. موضوع اصلی دو فیلم قبلی او «اعتیاد» است که در آنها از زوایای متفاوت به این موضوع می‌پردازد. او در هر سه فیلم خود به موشکافی جامعهٔ ایران و به تصویر کشیدن انسان‌هایی می‌پردازد که زیر فشارهای اجتماعی و اقتصادی جامعه‌ای بی‌رحم و سودازده، در حال خرد شدنند و از لحاظ ارزشی و هویتی بحرانی را تجربه می‌کنند که گویی هیچ راهی برای بیرون رفتن از آن نیست. سعید روستایی که خود سناریوی هر سه فیلم را نوشته است، داستان‌گوی خوبی است که روایت سینماییِ نسبتاً موفقی از سناریوهایش به‌دست می‌دهد و یکی از علل موفقیت فیلم‌های روستایی را سناریوهای محکم و جذاب او می‌دانند.

عنوان فیلم «برادران لیلا» از همان ابتدا، نکتهٔ مهمی در مورد این فیلم به ما می‌گوید. قهرمان اصلی این فیلم زنی به نام لیلا است که برادرانش در روایت اصلی فیلم نقش فرعی دارند و اوست که وقایع اصلی داستان را رقم می‌زند. وجه غالب بر فضای فیلم جامعهٔ آشفته‌ای است که جبری گریزناپذیر بر اعضایش تحمیل می‌کند اما لیلا، شخصیت اصلی فیلم، در برابر جبر اجتماعی و اقتصادی و ارزش‌های سنتی، که به‌زعم او پوسیده‌اند، سر به طغیان می‌گذارد و می‌کوشد شرایط را تغییر دهد. او در خانواده‌ای پرجمعیت، چهار برادر دارد که هر یک در چنبرهٔ گرفتاری‌های اقتصادی-اجتماعی گرفتارند و برخوردی انفعالی یا بی‌مبالات با شرایط زندگی‌شان دارند. یکی از برادرانش منوچهر (با نقش‌آفرینی پیمان معادی) ، ید طولایی در کلاهبرداری و مشاغل بدفرجام دارد و به‌تازگی از همسرش جدا شده است. برادر دیگرش پرویز (با نقش‌آفرینی فرهاد اصلانی) در پاساژی نظافتچی است و همسرش پس از چهار دختر، به‌تازگی پسری به‌دنیا آورده است. آنها با داشتن پنج فرزند گرفتار فقری مزمن و درمان‌ناپذیرند. برادر دیگرش فرهاد (با نقش‌آفرینی محمد علی محمدی)، هم‌وغمش بدن‌سازی است و از مسافرکشی

درآمد اندکی دارد. و برادر دیگرش علیرضا (با نقش‌آفرینی نوید محمد زاده) در کارخانه‌ای کار می‌کرده است که به‌تازگی ورشکست شده و حقوق یکسال خود را نیز دریافت نکرده است. پدر خانواده، اسماعیل (با نقش‌آفرینی سعید پور صمیمی)، شخصی بی‌مبالات است که تمام هم‌وغمش این است که پس از مرگ بزرگ خانوادهٔ جورابلو، نقش بزرگ خانواده را بر عهده بگیرد. او برای تصاحب این مقام، می‌خواهد چهل سکهٔ طلا را در جشن عروسی یکی از اعضای خاندان هدیه بدهد. در حالی که فرزندانش در مشکلات اقتصادی طاقت‌فرسایی هستند و به پیشنهاد لیلا تصمیم گرفته‌اند مغازه‌ای را در پاساژی بخرند، پدر خانواده حاضر نمی‌شود پس‌انداز خود را به فرزندانش بدهد و می‌خواهد آن را در راه رسیدن به مقام بزرگ خانوادهٔ جورابلو هزینه کند. تصمیم او و نیاز اقتصادی اعضای خانواده به سرمایه‌اش، شرایطی را رقم می‌زند که به یک بحران بزرگ خانوادگی می‌انجامد.

لیلا سعی می‌کند راه‌حلی برای بیرون رفتن خانواده از وضعیت فلاکت‌بارشان بیابد و با استفاده از روابط کاری خود، امکان خرید

مغازه‌ای را در پاساژ برای برادرانش فراهم می‌کند اما برادران مردد و منفعل او، تا تحقق کامل نقشه‌ای که او طرح کرده، همراهی‌اش نمی‌کنند و در نتیجه فقیرتر و مفلوک‌تر می‌شوند. در این فیلم مردان اسیر توهمات و دروغ‌هایی هستند که آنها را از مواجهه با واقعیت‌های دردناک اطرافشان جدا می‌سازد اما لیلا توهمات و دروغ‌های آنها را برملا می‌کند و با خشمی عادلانه آنها را به مسئولیت‌پذیری و تلاش برای تغییر شرایط فرا می‌خواند. فریادها و درگیری‌های او با برادران و پدرش (و گاهاً مادری که او هم منفعل و اسیر سنت‌های پوچ است)، ابتدا همه را از خواب غفلت بیدار می‌کند، اما در نهایت برادران لیلا، به خواسته‌های پوچ و احمقانهٔ پدر تن در می‌دهند و در چنبرهٔ انتظارات جامعه‌ای که فرهنگ شرم و احترام بر آن غالب است، در همان وضعیت دردناک گرفتار می‌مانند. گویی باور ندارند که راهی برای رهایی از سرنوشت محتومی که در انتظارشان است وجود دارد و گویی هرچه در مبارزه به ضد تقدیر کورشان می‌کوشند به تحقق سرنوشت دردناکی که از آن می‌گریزند نزدیکتر می‌شوند. اما لیلا، زنی مصمم، از تکیه کردن به مردان بی‌اراده و بی‌انگیزه خسته شده و تمام تلاشش را می‌کند تا آنها را به حرکت درآورد. گرچه او زن است و نه سنت‌های جامعه نه برادرانش، تلاش او را برای هدایت مسیر رویدادها نمی‌پذیرند، اما او مسائل را روشن‌تر و واقع‌بینانه‌تر از مردان خانواده می‌بیند و راهکارهایی به ذهنش می‌رسد که برادرانش را مجاب می‌کند. او مرتب در حال جر و بحث و اعتراض به مردان خانواده است و به‌تدریج مجادلات و اعتراض‌هایش نتیجه می‌دهد و برادران برای سر و سامان دادن به شرایط زندگی‌شان، به ضد پدر برمی‌خیزند. اما باز پا پس می‌کشند و ترس و محافظه‌کاری، توجیهاتی که خود نیز باورشان ندارند، و احترام به ارزش‌هایی که می‌دانند در حال فروپاشی‌اند آنها را از ادامهٔ راه باز می‌دارد. لیلا روحیه‌ای جنگنده دارد و از مبارزه دست نمی‌کشد اما در نهایت به آنچه در سر دارد

نمی‌رسد. درگیری‌های او با پدر و برادران گاهی به مرز پرده‌دری و گستاخی می‌رسد اما در نهایت گردش امور بر مدار سابق می‌چرخد و مردان خانواده مفلوک‌تر از گذشته به زندگی ادامه می‌دهند.

فیلم «برادران لیلا» را می‌توان آینهٔ تمام‌نمای جامعهٔ بحران‌زدهٔ ایران معاصر و تلاطمات و بحران‌هایش دانست. فیلم سعی می‌کند در خلال بررسی روابط خانوادگی خانوادهٔ لیلا، جامعهٔ ایران و مشکلاتش را به زبان سینمایی به تصویر بکشد. این فیلم را می‌توان یک سند جامعه‌شناختی معتبر از جامعهٔ معاصر ایران دانست که فشار خردکننده‌ای را که انسان ایرانی در جامعهٔ معاصر با آن روبه‌رو است به تماشاگر منتقل می‌کند. این فیلم همچنین نشان می‌دهد که چگونه فساد و تباهی و دروغ در همهٔ اقشار جامعه نفوذ کرده است. در صحنه‌ای از فیلم، پرویز، از شخصی که از دستشویی استفاده کرده دو برابر پول می‌گیرد و وقتی آن فرد اعتراض می‌کند که قبلاً هم از او دو برابر گرفته، با این وعده که دفعهٔ بعد از او پولی نخواهد گرفت، موضوع را ماست‌مالی می‌کند. منوچهر می‌خواهد برادرانش را متقاعد کند که وارد تجارت پیش‌فروش خودرو شوند اما آنها

پس از شنیدن توضیحات او و همکارش متوجه می‌شوند که آنچه او تجارت پرسود می‌خواند عملاً نوعی کلاهبرداری است. (در نهایت او نیز به‌خاطر فرار از دست خریداران بسیاری که با امید صاحب شدن خودرو پول پیش به او داده‌اند، با پاسپورت برادرش از کشور می‌گریزد.)

علیرضا برای گرفتن حقوق عقب‌افتاده‌اش به کارخانه می‌رود اما به او و کارگران دیگر می‌گویند که آنها نمی‌توانند حقوق یک سال را دریافت کنند و باید با دریافت حقوق سه ماه راضی باشند ولی باید رسیدی را امضا کنند مبنی بر اینکه حقوق یک سال را دریافت کرده‌اند. در پشت مراسم سنتی برای انتخاب بزرگ خاندان جورابلو و هدایایی که در مراسم عروسی داده می‌شود، چیزی جز دروغ و زد و بند و ریاکاری و منافع مادی نیست. ارزش‌های سنتی، که قرار است حافظ هنجارهای اخلاقی جامعه باشند، نمایش‌هایی توخالی بیش نیستند که همهٔ بازیگرانش از تهی بودن آنها آگاهند اما هر یک باید نقش دروغین خود را با مهارت بازی کنند. این سنت‌ها به جسدی متعفن می‌مانند که کسی جرأت اعلام مرگ آنها را ندارد

اما کماکان بخشی از استخوان‌بندی جامعه‌ای در حال فروپاشی را تشکیل می‌دهند.

برخی از قهرمانان داستان مانند لیلا و منوچهر، شخصیت‌های پیچیده‌ای دارند و ترانه علیدوستی و پیمان معادی پیچیدگی‌های این شخصیت‌ها را با بازی درخشان‌شان به‌خوبی منعکس می‌کنند. برخی دیگر از شخصیت‌های فیلم، مثل علیرضا، شخصیت ساده‌ای دارند که نوید محمدزاده در به نمایش کشیدن آن بسیار موفق است. نقش‌آفرینی سعید پورصمیمی در نقش پدر خانواده، اسماعیل، نیز بسیار درخشان است و با موفقیت نقش پدری بی‌مبالات و خودمحور و بی‌احساس را بازآفرینی می‌کند. در کل، سعید روستایی به‌خوبی توانسته از برخی از بهترین بازیگران سینمای معاصر ایران بازی‌های خوبی بگیرد و نقش‌آفرینی بازیگران اصلی فیلم موفقند.

یکی از فرازهای به‌یاد ماندنی فیلم صحنه‌ای است که برادران لیلا می‌خواهند دوباره چهل سکهٔ پدر را که فروخته‌اند بخرند و به پدرشان بازگردانند چون پدر به دروغ ادعا می‌کند که برای خرید این سکه‌ها سند خانه را گرو گذاشته است. آنها از یک طلافروشی

به طلافروشی دیگر می‌روند اما هر ساعت قیمت سکه بالاتر می‌رود و آنها نمی‌توانند باور کنند که با چنین سرعتی در حال فرو افتادن در سراشیبی فقر و فلاکتند. نگاه‌های حسرت‌بار علیرضا به دختر همسایه که زمانی عاشقش بوده اما به‌خاطر فقر هیچ‌گاه جرأت پا پیش گذاشتن نداشته، از دیگر صحنه‌های درخشان فیلم است.

یکی دیگر از صحنه‌های موفق فیلم مربوط به عروسی‌ای است که قرار است اسماعیل در آن به مقام بزرگ خانواده جورابلو مشّرف شود. گویی اسماعیل در تمام زندگی منتظر فرارسیدن این دقایق بوده است و حاضر است عمری پس‌انداز را برای رسیدن به این مقام و کسب هویتی تازه که نگاه تحسین‌آمیز اعضای خاندان جورابلو آن را رقم می‌زند، فدا کند. مراسم اعلام جانشینی اسماعیل به‌جای غلام، بزرگ متوفای خاندان جورابلو، به‌شکلی که بی‌شباهت به آیینی مقدس نیست، انجام می‌شود. پس از آن شاهد رقص و سرور حاضران در جشن عروسی هستیم. نگاه‌های معنادار و متقابل شخصیت‌های فیلم در جشن عروسی که بیانگر معنای واقعی رخدادها در پس ظواهر فریبنده‌اند، حباب شادی ظاهری عروسی را می‌ترکاند. صحنه‌های عروسی فیلم «برادران لیلا»، یادآور صحنه‌های عروسی فیلم «شکارچی گوزن» به کارگردانی مایکل چیمینو است. در این فیلم نیز در جشنی عروسی، در پس رقص و شادی و ظواهر جذاب، رخدادهایی تراژیک در حال شکل‌گیری هستند و نگاه‌های معنادار شخصیت‌ها و تأکیدات حساب‌شدهٔ دوربین، بیننده را برای مواجهه با رخدادهای دردناک بعدی آماده می‌کنند.

فیلم دیالوگ‌هایی جذاب و حساب‌شده دارد و کل نماهای فیلم اتحادی ارگانیک دارند. مدت زمان فیلم ۱۶۵ دقیقه است اما شیوهٔ روایتیِ جذاب سعید روستایی و بازی درخشان بازیگران، بیننده را خسته نمی‌کند. هومن بهمنش، فیلمبردار صاحب‌سبک، دو فیلم دیگر سعید روستایی را نیز فیلمبرداری کرده است و همخوانی فکری

کارگردان و فیلم‌بردار را می‌توان در جریان کلی فیلم مشاهده کرد. از دیگر ویژگی‌های «برادران لیلا» این است که در تاریک‌ترین صحنه‌های فیلم و در اوج رخدادهای دردناک، یک‌باره طنزی غیرمنتظره هم رخ می‌نماید و فضای سنگین فیلم را کمی تعدیل می‌کند.

فیلم «برادران لیلا» در ایران اجازهٔ نمایش عمومی نداشته و از سوی سازمان سینمایی کشور توقیف شده است. اما این فیلم در مارس ۲۰۲۲ در جشنوارهٔ کن به نمایش درآمد و با استقبال تماشاگران و منتقدان روبه‌رو شد و جایزهٔ فدراسیون بین‌المللی منتقدان فیلم را هم کسب کرد.